波多野二三彦　著

リーガルカウンセリング

面接・交渉・見立ての臨床

信山社

まえがき

二〇〇一年一月一六日、東京のＪＲ山手線・新大久保駅で、線路に転落した人を助けようとした韓国人留学生李秀賢さん（当時二六歳）と、カメラマン関根史郎さん（当時四七歳）が、電車に轢かれて死亡した。

その事故から丸一年たった二〇〇二年一月一六日、東京新大久保のホールで、両氏の追悼式典が行われた。会場には官房長官の外二人の大臣も出席した。私もこの式典に出席し、両氏の遺影の前に献花をさせていただいた。

それから程なくして、私の所属する「日弁連リーガルアクセスセンター委員会」（権利保護保険委員会）では、リーガルカウンセリング技法のマニュアルを作って全国の弁護士に配布しようという計画が持ち上がり、徐々にその作業が進められた。

権利保護保険の被保険者が、何らかの法的トラブルに遭遇した際、全国各単位会に置かれている「リーガルアクセスセンター」が、カウンセリングマインド（人間愛）のある弁護士を、被保険者たちに、責任をもって紹介し、保険弁護士として、国民のために価値ある仕事をして頂くために計画されたのだ。

リーガルカウンセリング技法のマニュアル作りとは、いってみれば、新大久保駅で線路に転落した人を発見するや、瞬時に身を挺して救助する技法を、薄っぺらなマニュアルで定式化する作業にほぼ等しい。

もっと分かりやすく言うと、ざるをもって雨漏りを受けるような企画だ。

にもかかわらず私は、委員長や事務局長たちが、血のにじむような痛々しい思いの果てに決断したこの勇気ある企画に感動させられ、胸がふさがり、一言も発することができなかった。

今日の司法改革は、法を底から支える人間愛への執着という真摯な思いもなく、リーガルカウンセリングについては、その重要性に気付かず完全に手抜きのまま進められている。

司法の土台が腐っている、屋台骨が壊れている、だからいまさら人間愛などと、迂遠なことを言っても始まらないのかも知れない。にもかかわらず、この委員会では、ざるを片手に雨漏りを受けようと、ドン・キホーテよろしく、国民との接点に立ち、敢然と弁護士仲間に呼びかけようとしている。


一九五一年、わが国に家庭裁判所が創設された。法廷が置かれているとも思えない裁判所であるのに、名前だけは裁判所であった。

家庭裁判所の理念は正義・公平の実現といっても、それは法廷のいらない、国民に優しい正義の実現である。

家裁は人間愛の殿堂である。家裁に持ち込まれる事件を正しく解決するためには、カウンセリングの素養が関係者全員に不可欠である。

私は司法修習を終えた後の一九五五年、最高裁初代家庭局長の宇多川潤四郎という、稀代のヒューマニストに惹かれ、家庭局に一事務官として入局した。

入局早々、「ケースワーク」とか「カウンセリング」という人間愛の実現と、併せて正義実現のための技法を習得しようと、戸惑いつつもこれに傾倒した。

特にカウンセリングのもつ、魔術のような魅力にはたちまちのうちに、そのとりこになり、やがてまた心理療法としての「内観法」にも深くのめりこむことになった。

ここで、
① ケースワーク、
② カウンセリング、

③　心理療法

の関係についてイラスト的に述べておきたい。

本書では、「カウンセリング」という概念の中に、「ケースワーク」も「心理療法」も当然に含まれるものとして扱っている。これはわが国の臨床心理学の通説に従ったものである。この三つの技法は、昔あった「三ツ輪石鹸」の商標のように、三つの輪が交差し、一部分が重なり合っている。

最近福祉専門家の書いたイラストでは、①と②を交差させ、②と③を交差させつつ横並びにしている（中村優一『ケースワーク』〔誠心書房〕一三二頁、現代のエスプリ四二二号一〇頁）。

このようなイラストは、各々の技法がもつところの、外面的な関心から、内面的関心の度合いを示すものとして有意義である。

三つの技法それぞれの深い意味は、他の臨床心理学の教科書にゆだねたい。

今日の法専門家は、法の補助科学としての臨床心理学やカウンセリングに自らの手を触れることを嫌い、法解釈学という、よろいかぶとで完全武装し、ガチャガチャと大層な音をたてながらクライアントに接近する。当然のことながら臨床心理士などといった心理専門家を信頼せず、カウンセリングとは無縁の、冷ややかな法専門家として司法改革を叫び、その一生を終える。

このような法専門家の生き方は、やがて二一世紀末ころには隆盛を迎えるであろうリーガルクリニックの観点から見て、必ずしも好ましい態度とはいえない。それについては二つの理由がある。

第一に、哲学、神学、法学、医学などの大学教育は、既に千年の蓄積の上に現代的改革が進められている。それに対比してみると、ジグムンド・フロイト（一八五六—一九三九）の出現以後になって、人類はようやくフロイトの精神分析学を基にして澎湃と巻き起こった臨床心理学やカウンセリングの必要性に深く気付かされたのである。

だから、わが国の場合でいえば、カウンセリングはいまだ五〇年の歴史しかもたされてはいない。この方面の学問や臨床は、暗夜に手探りの状態で進んでいる。まさにその真っ只中にある。われわれ法専門家には、その明確な自覚が必要である。

その証拠に、「共感」とか「心像」(心象)といった、カウンセリングや心理療法で最も重要な概念については、いまだにその概念について入念な研究や説明をしている心理専門の学者は、少なくともわが国にはいない。

クライアントを変容させる最大のエネルギーは、上記の二つの概念からほとばしり出る。

このような臨床心理学の基本概念に興味をお持ちの方は、拙著『内観法はなぜ効くか』(信山社、第三版)をご覧いただきたい(共感について、一二八―一三九頁、心像について、一四五―一四七頁)。何らかの参考にはなると思う。

第二に、法専門家は、ありとあらゆるトラブルを抱えたクライアントに、法制度上では、自由にアクセスできる。臨床心理士となると、法的紛争とか、非行・犯罪に関連したクライアントにアクセスできない。

理論的には心理の部分にだけ深くかかわりうることができるかもしれないが、弁護士のように、こうした重い悩みを抱えたクライアントにアクセスすることは殆ど不可能である。多くの場合、椅子や友人をクライアントに見立てて、ロールプレイを行い、各自の面接技術を磨く以外にはない。その点、弁護士は極めて恵まれた立場にある。

本書に掲げた民事・刑事の臨床事例を一読していただければ、自ずとそのような理は容易に了解していただけるであろう。

今日の弁護士たちに、この自覚が、どれほどあるであろうか。

本書には、家事事件臨床部分は極めて少なく、成年後見や商事交渉ローヤリングの部分が欠落している。それらの分野は極めて多彩なカウンセリング技法の必要な分野である。しかしそれらの分野は私の力量を超えたところに横たわっている。だから本書では残念ながら言及できなかった。

その部分については、他日、適当な共著者を見つけて第二版以降善処したい。

平成一六年二月一日（喜寿の誕生日）

波多野二三彦

目次

事例エピソード索引

あ行

か行

さ行

た行

な行

は行

ま行

ら行

第一章　序　説

Ⅰ　面接と法律相談

一　面接の要諦

『面接法』の著者熊倉伸宏教授は、次のように述べている。

面接者はどのようなクライアントと接しても、相手の長所・美点・魅力を読み取ることが大切だ。それは面接者に不可欠の技法である。面接の極意に属する事柄である。そのための努力は決して容易ではない。しかし努力して求めれば必ず実り、来談者の優れた長所やその他の可能性を見出せるようになる。

来談者の長所に気づく努力をしない面接者は、最も基本的な点で面接者としての努力を欠いたことになる（熊倉伸宏『面接法』〔新興医学出版、二〇〇二年〕三六頁）。

このような面接法の基礎を学ぶことは、「人間」を学ぶことであり、その第一歩を学ぶことも、教えることも至難の業であり、面接法の基礎を学ぶことを避ければ、臨床から「人間」は見失われると教授はいう（熊倉、前同書、一頁)。

私はカウンセリングで最も重要なことは共感であり、共感とはクライアントの持つ、愛情・美点・長所を目ざとく発見し、それを引き出しさらに大きく引き伸ばすことであるといっている(拙著『内観法はなぜ効くか』〔信山社、二〇〇〇年〕一三二頁、拙著『カウンセリング読本』〔信山社、二〇〇三年〕四頁)。

私と熊倉氏が、カウンセリングないしは面接法で強調している三つの要件について、その類似点を、一〇行後がえりしてとくと比較していただきたい。熊倉教授は、精神分析学の立場から、面接法の極意はクライアントの魅力・長所・美点の発見にあるといい、私は私のカウンセリング理論の観点から、カウンセリングの要諦は、クライアントの愛情・美点・長所の発見にあるといっている。

そのような両者の面接・カウンセリングの要諦を対比してみると、私のカウンセリングの要諦と、熊倉氏の面接法の要諦に関する両者の説は、殆ど同一であることに読者は気づかれることであろう。

全く偶然の一致とはいえ、臨床心理畑育ちではない、片や医学者と、片や法専門家の考えている面接カウンセリングの根本原理が、カウンセリングの基本的底辺で一致するというのは、二人の説く面接法が、普遍的真理を宿していることを示唆しているからだと、私は考えたい。

面接において、人の愛情、美点、長所といった、クライアントの背後に隠れて見えにくくなっている宝物を目ざとく発見し、エンパワーし、それをさらに伸ばしてゆくのが私のカウンセリングの基底に横たわっている要諦である。その要諦を、単なる面接技法や質問スキルの習得という低い次元のことがらにこだわっていたのでは、クライアントの背後に輝く愛情・美点・長所などを発見しこれらを自ら発展させることは、到底できない。

以下、第四節、第五節でのべるように、これからの弁護士たちの面接は、弁護士事務所の応接室や面談室で行うとは限らない。自ら気軽に現場に、あるいはクライアントの自宅に赴いて行うことが、次第に増えてくると思わなくてはならない。

二　法律相談の変遷

リーガルカウンセリングの基本は法的面接法から始まる。

法的面接法の中には、リーガルカウンセリングの重要な要素・要件が、数多く含まれている。その諸要素・要件については、到底この一つの章下だけで論じ尽くすことはできない。以下、実際に行われた典型的な臨床事例にもとづき、これらについてさらに深く尋ね入ることにする。

一八七六年に弁護士制度が創設されて以来、弁護士は訴訟代理を独占し、法律相談と合体した形の訴訟業務を固有の生業とし、座るとべらぼうに場所を取る「紋付袴方式」を墨守して来た。

法律相談は、古来からの弁護士稼業の袴の中に隠された付属品であった。

こうした弁護士の古典的エトスは、一九四五年の太平洋戦争の敗戦によっても改められず、一般国民には、法律相談とは、遥かな訴訟山岳の彼方の地平におかれた、容易に手の届かない高価な権利保護の道具として観念されて来た。

このような仕組みは、二〇世紀末を迎える頃でもたくましく生きていた。

わが国の正義の総合システムを、ドイツの国民のそれと比較すれば、一般国民にとって正義の総合システムは、下図のように訴訟山岳を最面前に押し出す形で聳え立っている。国民は、弁護士のいう正義とはそんなものかと深く諦観している（波多野二三彦「新弁護士報酬論」自由と正義四〇巻四号、拙稿「弁護士報酬規定

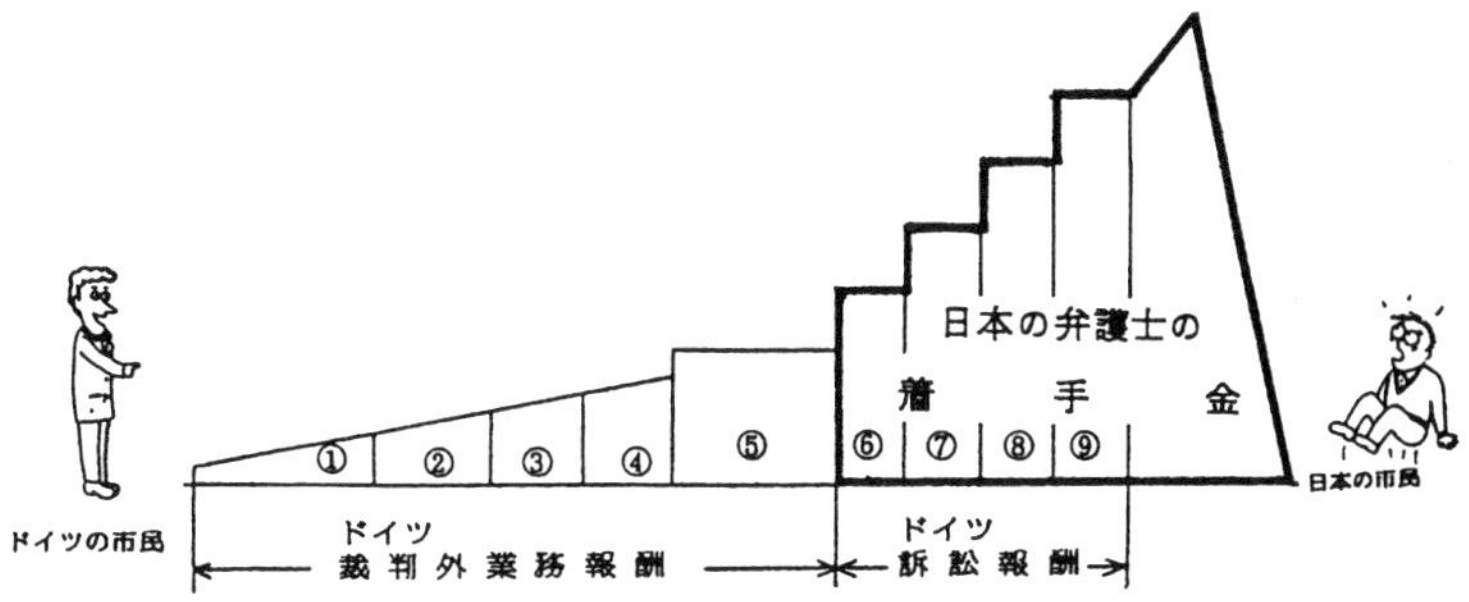

の改善」判例タイムズ八三一号四頁以下）。

そのように、訴訟と法律相談が合体し、訴訟に包含されている法律相談に対するアクセスは、国民の側では、弁護士さんに無料で相談だけして、巨大な訴訟を頼まないのは失礼かも、という気持ちを醸しだす。それが原因となって国民の弁護士に対するアクセスは当然に著しく阻害された。

最も古典的な弁護士の行うこのような形式の法律相談は、おおむね一九七〇年代頃まで続いた。庶民にとってはそうしたいわく因縁のくっついた法律相談原則無料というエトスは、庶民にとっては極めて敷居の高いシステムでもあった。

しかもそれは限られた有産階層の人々だけが利用でき、法的紛争を抱えるクライアントは、しかるべき知人・友人の紹介がなければ、だれかれの別なく自由に法律事務所の門をくぐることはできなかった。

このような法律相談の形態は、最近の三〇年の間に、おおむね二つの段階を経て原型を崩し、徐々に近代化されてきた。

第一段階

訴訟激減に対処するための弥縫策として法律事務所以外での無料相談の隆盛が必然的に起こったことによる変容時期。

法律相談の目的は、ひたすら訴訟を弁護士のもとにスムーズに呼び込むための、無料サービス手段として行われた。

一九七六年は、弁護士制度一〇〇年に当り、この頃すでに全国的に民事訴訟事件が激減しつつあった。弁護士たちは危機意識をつのらせ、訴訟を呼び込むためには、無名の一般国民の法意識や権利意識を高める必要があることに気付き、訴訟の需要を喚起するため、憲法記念日、法の日など、あらゆる機会を有効にとらえて「無料法律相談会」を盛んに行った。

過疎地の巡回無料法律相談制度も、全国的に行われるようになった。

しかしその無料法律相談たるや、一人平均二〇—三〇分前後のものに過ぎず、弁護士たちが自己の名を名乗らずに行う無名の相談であって、その内容も、国民の抱える精神的苦痛に深く耳を傾けて行う、温かみのある良質なリーガルサービスというには程遠いものであった。

弁護士個々人がさまざまな紛争解決法を、弁護士倫理という首にかけ、全責任をもって策定する「見立て」には、およそつながることもなかった。

なぜかというと、それは法律相談が「訴訟提起の要否判断」という袴の中にかくれているという原型のままであったから、現代的「見立て」はなく、単に訴訟提起の適否を判断する「瀬踏み」のための対応でしかなかったからである。

第二段階
一九九〇年前後からは、日弁連が音頭をとり、全国的な法律相談の有料化・有名化・全国的均一化がはじめられた。この頃からは、地方自治体などの委託で行われる法律相談から、弁護士が、クライアントからのニーズから、訴訟に適応する相談事件を、法律相談の場で、直接に訴訟受任するという制度の、全国的実施が始まった。

こうして始まった法律相談の担当の弁護士が、相談を受けたクライアントから訴訟を直接に受任するということは、誇り高き弁護士のプライドからして、極めて卑劣なことのように弁護士たちには思われ続けてきた。

法律相談クライアントからの直接の申し出があって、一定の手順を踏めば、訴訟を「直接受任」することは決して非倫理的ではないと、暗に是認されるようになったのは、二〇世紀末になってからのことである。

第三段階
段階というのは正しくない。未だ動き出してはいない段階だからである。

この三〇年間に大きくさま変わりはしたが、直接受任性のある法律相談は今なお弁護士の正業としては認知されず、倫理規定もなく、幽霊船のように漂い続けている。

これからは市民本位の法律相談制度の航路図とコンパスが用意され、ダッチロールのない飛行に向けて離陸しなくてはならない。

第三段階の航路図とコンパスは、どのように用意されるべきか。

① 弁護士の行う法的面接相談を、「国民に親しまれる弁護士」の目玉商品とし、司法改革の先頭に置く。

② そのためには先に見てきたような訴訟山岳密着型生業図形を撤廃するため、左右を入れ替え、今まで長く訴訟袴の中に隠されていた法律相談を訴訟の中から引き出して左側に移し、「法律相談」と明記する。

③ そして、その法律相談の後背地《ヒンターランド》に、ドイツ式に、面接、調査、交渉、ADR、調停申立などの「裁判外業務」を整然と敷き並べ「直接受任」を倫理化する。

④ それらのうちのいずれの法的手段を用いてクライアントの権利の保護をすべきかの「見立て」を行うべき、新たな、骨太の業務段階を設置する。

⑤ 最後に、法律相談や見立て段階を、「弁護士の正業」として認知するという画期的業務改革を行う。なぜかといえばそれは、法律相談を、有名・有実の「責任ある正業」として倫理規程上に明確に規定するという事業である。

それは、司法改革の、アルファーであるとともに、オメガーである。

本書で論じられるリーガルカウンセリングは、そのような未来の正業たる法律相談をイメージできる場所から始められる。

まともな法律相談制度を確立するためには、三頁に示した日独対照の弁護士報酬イラストのように、ドイツ国民の身近な地平に接して法律相談やその他の裁判外業務（Aussergerichtliche Taetichkeit ＝ドイツ弁護士報酬法の正式な用語）の数々が整然と並べ敷き詰められているように、わが国民がそうした各種の権利保護手段を、弁護士と相談しつつ選択できる体制が築き上げられなくてはならない。

　そのような、裁判外業務がどこまでも優先する、理想的法律相談のイメージは、わが国ではまだいずこにもなく、訴訟の「依頼者」呼び込みに明け暮れする、「幽霊船時代」が続いている。

　法律相談に、弁護士正業としての独立した地位を与え、「依頼者に対する弁護士倫理」ではなく、「クライアントに対する弁護士倫理」を策定せよという私の叫びは、今日の弁護士にとっては、極めて不快な雑音に過ぎない。法律相談正業化のこの叫びは、しかし遠からず、弁護士業務の倫理を変えるに違いない。蜘蛛のように網を張り回らし、訴訟願望者や「顧問客」をひたすら待つことをよしとしていた弁護士は、やがて敷居を外し、事務所を離れ、数多くの法律相談クライアントに接するようになるだろう。

　当然に法律的な輪郭の不明瞭な相談や、不安や悲しみや苦しみを抱える各種各様のクライアントが、経験のあまり豊かではない弁護士の前にしばしば現れ、回りくどい語り方や、くどくどしく繰り返す訴え方が頻繁に行われ、自分自身の意見がうまく語れないクライアントとの面接相談が、元来そのようなものであるということに慣れ親しんでいない未熟な弁護士たちは、うろたえ怒り、その反作用で、それでなくてもものぼせて自分が分からなくなっているクライアントの心を、ますます混乱させるだろう。

　初心者弁護士もクライアントの厚い感情の森に迷い込み、また、穏やかならざる心になり、それをクライアントのせいにする。

　そのような悪循環の連続は、高潮のようにリーガルカウンセリングの需要を呼び込む、新たな変化として徐々に弁護士倫理の上に現れてくるに違いない。

三　厚い感情部分

(1)　まえがき

面接法は、よく「面接技法」と呼ばれている。しかし面接法は決して相談時間を節約し能率的にことを運ぶためのスキルではない。それを超えたアート（芸術）である。人間を学ぶ技法に等しい。人間学そのものであるといってもいい。

そのことは、おいおい明らかにされるはずである。しかし以下では、今まで慣用されて来た言葉どおりに、単に面接技法と呼ぶことにする。

現代の法思想からすれば、弁護士の前に現れたすべてのクライアントは、法的紛争を自ら解決しようとするその主体である。弁護士は単に、常に、クライアントの援助者であるに過ぎない。

ところが、古来から、大方の面接法律相談にあたる弁護士たちは、クライアントを、紛争解決の主体者と見ることを忘れ、彼らを単なる「法的情報の運搬人」であるかのように扱う。だから彼らが携えてきているパッケージの中から、法律問題の芯となるべき法的部分のみを、急いで出して見せなさいとせき立てる。ところがクライアントが携えてきているパッケージの大半の部分は感情である。問題となる法律問題の芯の部分は、クライアントそれぞれが、それぞれの方法や流儀によって、彼らの感情という外皮で厚く覆い包みかくしている。故意に隠し立てなどしているのではない。隠そうと思わないのに、法的部分の芯が、厚い感情の外皮に包まれているために、弁護士からその中の法的な部分だけを出して見せなさいといくらいわれても、それほど容易に、法的な芯の部分だけを取り出すことができないのだ。

しかし法的な芯の部分は、感情の外皮に厚く覆われ隠されつつ、実は、多くの場合、法的な芯の部分につながっている。

感情の外皮をよくよく見分すれば、それらはまるで腹膜を構成する神経線維や血管が、内臓とつながっているように、感情部分は法的な部分と脈絡を持っている。

そのような見解をもって個々のクライアントの分かりにくく、かつはくどくどしい、そして時には沈黙のやたらに長い無言に耳を傾ける技法こそが、リーガルカウンセリングを主体にした面接相談技法である。

リーガルカウンセリングを主体にした傾聴技法を用いると、例えば次の⑵や⑶の事例のような産婦人科医院の犯した大きな過失にもとづく被害者の損害が、極めて徐々に浮かび上がる。そのような損害額を算定するには、クライアントたちの蒙った、感情・精神の被害のボリュームを正確に知るということから始まるといっていいであろう。

⑵　赤ちゃん取替え事件

一九七六年、東京近郊のR病院産科で、男の赤ちゃん二人が殆ど同時に生まれた。R病院はこの時、大きな手違いを犯した。Aさんご夫妻の子をBさんご夫妻に、Bさんご夫妻の子をAさんご夫妻に渡した。

ひとびとはこの間違いに気付くこともなく一一年という歳月が流れ去った。

その時生まれたA君もB君も、小学校六年生になっていた。A君もB君も、両親たちが相談して名前をつけたかのように、それぞれ父親の名前から一字をもらっていた。

そのころ、Aさんの家では深刻な家庭問題が持ち上がっていた。A君の母親と、長女の間で壮絶な家庭戦争が始まっていた。なぜか。

血液検査の結果、A君の父親とA君の間の父子関係が否定されたのだ。

以来、A君の母は、毎日物陰に隠れてひそかに泣く日が続いた。これを目ざとく発見したA君のお姉ちゃんは、自分の母親がどこかの男と不倫をして弟Aを出産していたことが、今頃ばれたらしい。それで毎日ひそかに泣いてばかりいるのだと確信した。とたんに彼女は自分を取り乱し、母親を滅多打ちにする暴力が始まり、学校へ行かない、自殺する、家出する、とわめいた。

A君の父母は、それでもあくまで冷静に対処しようと心に決めた。

一一年前に遡ってA君出生の時点で、R病院で出産児を取り違えなかったかどうかを、病院まででかけて丹念に調べた。その結果、R病院が軽率にも、取り上げた二人の赤ん坊の親を取り違え、Aさんご夫妻には、隣県に住むBさんご夫妻の赤ちゃんを渡したことが分かった。

それからAさんご夫妻はBさんに、自分たちの調査結果を話した。

Aさんご夫妻の苦しみは、その瞬間からBさんにも飛び火した。苦しみはこのようにして二倍になった。

それからの約一年間、両家では解決策のないまま、ただ涙、なみだの生活が続いた。

一一年というその歳月が、まるで取得時効のような新たな親子関係と、そして同時に大きな罪を作った。

真相が分かってから一年経った後、波多野法律事務所にやってきたAさんとBさんのご夫妻は、真相発見までの経緯を話された。

「一二年間、間違えて他人の子を、自分たちの子のように大事に育ててしまった私たちは、この先、一体どうしたらよいのでしょうか。」そう言ったきり、四人の相談者は、一様にハンカチを出し、溢れる涙を拭い、ただ泣きじゃくるばかりだった。私ももらい泣きをした。

他人の子と分かった以上、その子を、その子の両親の許に返しなさいというのも残酷な話である。そうかといって、今までどおり、他人の子を自分の子のようにして育てなさいともいえない。

私は涙をぬぐいつつ、ぼそぼそと言った。

法律家の私には、今すぐどうしたらいいかの結論は出せません。この一年間おやりになったように、ご両家が、遠い親戚の家族ででもあるように、まどいつつ、悲しみ、笑いつつ、でも、つとめて仲良く交際をお続けになってごらん下さい。それはいつの日にか、何らかの心の変化を生み出すかもしれません。しないかも知れません。

血液型に従って正しい親子関係が決まったところで、それに従うことが人情からして正しい選択だともいえないかもしれない。どうするのが正当な道か。それは、この被害者ご両家の人々が英知をしぼり出し、主体的・創造的に創り上げていく以外にはない。

(3)　痛みは斬り捨て御免

ある日の、二弁仲裁センターの審理期日風景。

ある産婦人科医師が、手術の際にガーゼを腹腔内に遺留したまま、漫然縫合した。女性患者は、程なく、その後数年間、腸管の癒着による腸閉塞で入通院を繰り返すようになった。五回目の入院のとき、主治医は意を決し開腹してみた。すると癒着部分の中央にピンポン玉ほどのガーゼが発見され、これを剥離して開腹部を縫合したところ、女性患者は長い患いから開腹治癒した。

このような医療過誤で苦しんだ女性患者が、医師を相手方として仲裁申立てした。

相手方医師の代理人である弁護士は、最初に言った。

「五回の入・通院時代の詳細は、調べる必要がない。直ちに損害額の確定から審理してほしい。」と。

恐らくこの種の裁判・和解・調停事例ではことごとく、この経験豊富な、「感情斬り捨て御免」方式弁護士の手法で、とん、とん、とんと審理されているはずである。

しかしこの事件の仲裁人であった私は、即座に「これ式代理人」の要望を断った。「それはできません。あくまで五回の入・通院の時代に受けた、この中立人・患者の精神的苦痛を、とことん語っていただくことから、審理を始めたい」と。

事件が終結して半年後、私が電話で申立人に尋ねたら、申立人の女性は、重いＰＴＳＤに罹っていたことがわかった。

なぜ彼女がＰＴＳＤに罹っていたのか。それは主治医が、この女性患者に、「貴女は、多分、生涯、入・通院を繰り返さなくてはならないだろう」といったと言う。実際には五回目の入院時に開腹手術して全てが解決したのであるのに、彼女の心には、主治医が言った、この時のこの言葉が心に突き刺さり、「私は一生治らない」、という強迫観念が発生し、腸閉塞が完全に治癒した今でも、重いＰＴＳＤに罹って苦しんでいるのであった（波多野二三彦「仲裁解決事例」NIBEN Frontier、二〇〇三年一一月号五八頁）。

⑷　サラ金相談者の羞恥感情

ある日サラ金地獄にはまり込んで、毎日のように脅迫されている若者Ｓ君のご両親から、「波多野先生、バカ息子を助けてください。資金は私どもが調達しますから。」と電話があった。

私がＳ君に会って尋ねると、一〇件近くのサラ金業者に、数百万円の未払い元本が残っているという。サラ金事情のことなど全くわからない私は、その方面の処理に明るい秋山清人弁護士に依頼する以外はないと思い、ご両親から元本の未払い残額の数百万円をとりあえず預かり、Ｓ君を伴って秋山弁護士を尋ねた。

一〇件近くのサラ金の事件処理を依頼し、事務所を出ようとしたとき、秋山弁護士から、「Ｓさん、一寸待ってください」と言う。

「Ｓさん、これだけでいいのですか。他に言い忘れているのが何件かあるでしょう。皆さんよく忘れていらっしゃいますよ。今日は、みんな言っちゃいましょう。ね。」

そう言われたＳ君は、おずおずとまた元の椅子に腰掛けた。そして、恥ずかしそうにしながら、さらに三枚のサラ金カードをポケットから出した。秋山弁護士は、こともなげに「そうそう。Ｓさん、勇気を出してくれて有難う。ついでにこれもやっちゃいましょう。前の計算書は没にして、新しく作り直しましょうね。」そういった後、さらに言葉を継ぎ、

「Sさん。あなた、もっと怖いものを持っていませんか。それが残っていたら大変よ。念のために訊きますけど。」

と言った。するとS君は、別のポケットから、さらに二枚のサラ金カードをテーブルの上に出した。それは、一〇万円借りると、一〇日で三万円の金利を産む、「トサン」と呼ばれる超高金利金融からの借入金だった。

折角怖いサラ金地獄から逃げ出すために弁護士事務所を訪れたのに、S君のように、情報を隠せば、自分自身が確実に不利になると分かっていても、言えば男がすたるとでも思う面子がある。そうした肉厚な感情の壁を取り払うのは、秋山弁護士のような見識の高さと優しさである。

四　目線の低い面接

二一世紀のリーガルカウンセリング面接は前節で述べたように、紛争を主体的に解決しようとする当事者を、単に援助するという営みに徹するための面接法である。クライアントを木製の椅子に腰掛けさせ、自らは回転椅子に腰掛けて診察するのが、往時の医師の最もポピュラーな風景だった。そのような風景は消えつつある。弁護士もこれにならうべきである。

弁護士がクライアントに面接するときには、つとめて目線を下げ、クライアントの家や現地にまで赴き、現地のすべての状況を、親しく観察しながら面接すべきである。

このようなことは、二〇世紀の普通の弁護士たちにはにわかに了解できないコンセプトかも知れない。そこで一つの臨床風景を細かく描写しておきたい。

ある日ある時、暴走族の仲間たちに誘われ、高校生のT子が家出した。

母親は言った。私どもの住環境はあまりにも悪すぎる。ご近所の親御さんたちは自宅を次々たたんで転居している。私たちも早晩、この悪環境から脱出するために家屋敷を売り、転居する以外方策はないと思う。我が家は差し迫った重大危機に直面しています。法律相談に乗ってほしい。

その翌日T子が帰宅した。私は早速T子の家を訪ねた。T子の部屋は二階の一間である。階段室の壁には、「無断立ち入りを禁ずる」という大きな貼り紙が壁一面にべたべたと貼ってある。私はとんとんと音を立てて階段を昇り、T子の部屋の扉を開けて中に入り、万年床の布団に横たわっていたT子を布団の外にそーっと押し出した。

T子は畳の上に膝をくずして座った。私はT子の寝ていた布団に横になり、ひじ杖をついた。そういう姿勢になると、私はT子を仰角的に見上げる形になる。目線を下げるとはこのような姿勢を意味する。気軽に出前相談に乗り、限りなく目線を下げて面接する。これがリーガルカウンセリングの基本姿勢である。

私はT子の日常を知るために、周囲を見回した。窓際には、数十個のビールの空き缶が並べてある。壁際には空になったピースの空き缶が整然と並べられており、暴走族の「長」のものらしい、重厚な刺繍の施されたビロード製の黒いガウンがハンガーに吊り下げられていた。

現地を親しく観察しつつ面接するという趣旨は、このような臨床風景を予定してのものである。

最後に私は、東京のわが家にまで、いつでも話しに来なさいと女生徒に約束をし、その日の面接を終えた。二人は両親たちのいる居間に降りてゆき、コタツに入って両親の観ていたテレビを一緒に見ながらしばし談笑した。

母親はこのときの二人の姿を見て、T子は一時間の面接で、何か大切なことを悟ってくれたのではないかと思ったという。

なるほど。私はその時の面接によって彼女の中に、崩れつつある自分をおろかだと自覚し、自分に無条件の厚意と信頼を寄せてくれる未知の私を、自分にとってただ一人の味方であると確認してくれたに違いない。これはT子の私に対する愛情である。もちろん私はT子を大好きになった。彼女に対して限りない援助を惜しまず与えたいという気持ちになっていた。

面接法とは、たとえばクライアントが両親と敵対し、自分独自の殻に閉じこもって乱行に明け暮れている人間であっても、面接者は彼女と対等に対話する。

そして彼女の中から愛情・美点・長所を汲み取り、彼女をエンパワーし、その持つ愛情・美点・長所を徹底的に大きく伸ばして行く。それはもはや技法を超えた人間理解・人間愛の営みである。

五　受容と対決そして変容

ある日、そのT子が東京の事務所に面接にやってきた。「バイクの免許を取りたいけど、父はそれが高校の校則違反になるから取らせないという。何とか父を説き伏せてほしい」という。弁護士である私は、彼女の要求を即座に容れた。

毎日のように無職少年のバイクを借りて無免許で乗り回しているT子にとって、なるほど校則には違反しても、バイクの免許をとらせてやるのがベターだ。

私は父親に言った。校則に一応違反はするが、高校には内緒で、T子にバイクの免許を取らせてやってください。と。リーガルカウンセリングの面接が「スキル」であるなら、その際、私は自己対決などする必要はない。しかし校則違反を承知の上で免許を取らせるのであるから、弁護士として相当の自己対決が必要である。

父は不平そうな口調で言った。

「高校当局に内緒で、T子にバイクの免許を取らせてやるのは、いと易いこと。しかしT子は、次には必ずバイクを買えと言うに決まっています」と。

「そんな決め付けはよくないのではないですか。T子を信用してあげてください。」このような姿勢が、クライアントをエンパワーする。

T子がバイクの免許をとってしばらく経った日、T子は両親に、「バイクを買え」ではなく、「白い紀州犬の仔犬を買って」と言った。両親は数万円をはたいて仔犬を買った。クライアントの劇的変容（トランスフォーム）である。

その仔犬が家に届けられるや否や、家族は紀州犬の周りに集まり、一家団欒の空気が一気に醸し出された。そのような一家団欒の変化を起こそうとするT子の計画は、彼女がバイクの免許を取る前から、T子の胸の内に、あらかじめ組み込まれていたのかもしれない。このようなクライアントの変容を経て、クライアントは自ら家族のだんらん方策を若年ながらも自ら創り出し、よってもって自らを向上させる。

わが家では、長かった冬が去り、暖かな春風が吹くようになりました。仔犬のおかげで家中に家族の笑う声が満ちわたってきました。と、両親は喜んだ。

私とT子の間に生まれていたささやかな新しい人間関係と、その関係性から生まれてきた一家団欒という新たな現象は、弁護士が、校則違反を承知で事を行うことについての自己対決のある決断・受容によって導き出されたものである。

クライアントに対する受容と共感を区別して論じようとするカウンセラーがいかに多いか。われわれ法専門家としては、「あたかもクライアントになったかのごとくして共感する」などというわけのわからない名人芸の芸当には、あまり接近したり、深入りしたりすべきではない。

それよりもむしろわれわれは、クライアントの受容にこそ九九％の精神を集中すべきである。受容するには、それ相当の自己対決が必要である。

あるとき、ある若い女性F子が家出した。家出の理由は簡単なことである。彼女の従姉が美容室を経営していた。ある日F子はその美容室を訪れ、髪を少し切ってほしいと依頼した。この時従姉はF子の予想に反し、八センチ短く切ってしまった。それで彼女は泣き喚き始めた。従姉は言った。「F子ちゃん、切った髪はもう元へ戻らないとでも思うのかな。数か月あれば元に戻るよ。」と。

F子はそれに腹を立てて家出した。家出したのち、友人たちに腹立たしい従姉の言い草を語って聞かせ同情を求めた。しかし友人達にしてF子に同情する者は一人もいなかった。「数か月我慢したら髪は伸びてくるよ。我慢しなさい。」

このような話法が、何でF子を慰められよう。苦しめるだけに過ぎない。

F子の家出は数か月に及んだ。そこで両親は私に家出娘を連れ戻してほしいと依頼した。このような女性のカウンセリングは極めて簡単だ。彼女の心の葛藤を傾聴し、髪を短く切られた彼女の怒りの感情を、素直に受容してやればいい。たったそれだけで彼女は父母の元に帰り、以前よりも快活に生活を始めた。髪には神が宿るともいう。髪は伸びるに決まっているが、切られた人の心を受容するだけで、全ての問題は解決する。

六　沈黙の饒舌

これは良寛さんがある日、自分の甥に対して行った沈黙の面接である。

良寛さんは弟に越後の寺を預けて修行に出た。弟の子は長ずるに従って、手のつけられない不良少年になった。それで良寛さんの弟は、不良の息子に説教してもらおうと、良寛を備中玉島の円通寺から越後の寺まで呼び戻した。

しかし越後に帰った良寛さんは、甥に対して三日間、別段説教をする気配もなく、とうとう出立予定の三日目の朝が来た。

　ああ、せっかく高僧の良寛を遠路はるばる備中の国から呼び寄せたのであるのに、良寛は甥に対して一言の声もかけずに帰ってゆくか。関係者は落胆した。出立の支度をした良寛は甥を玄関に呼び寄せ、「わしのわらじの紐を結んでくれ」と言いつけた。甥は良寛さんの膝下にしゃがんで紐を結んでいたが、その時、甥は自分のうなじに熱いものを感じた。それは良寛の落とした一滴の涙であった。

　もし、その時、良寛さんが自分の足を甥のほうに投げ出すようにしてふんぞり返った姿勢でわらじの紐を結ばせていたなら、良寛の涙は甥のうなじに命中しなかったであろう。

　良寛は荒れる甥が不憫《びん》であり、抱きすくめてやりたいほどの熱い気持ちであったろう。そのような良寛の熱い気持ちのせいで、良寛は思わず知らず前のめりの姿勢になったのであろう。良寛がそのような姿勢だったからこそ、良寛の熱い、一滴の涙が甥のうなじに命中したのだ。

　この不良の甥は、良寛さんの落とした、たった一滴の熱い涙によって更生した。

　今日のカウンセリング訓練では、良寛が甥に対してしたような沈黙の人間愛が果たすカウンセリングの極意は、決して多く語られることはないであろう。

　このような愛情の伝達技法を、「ノンバーバルコミュニケーション」という（拙稿「弁護士面接相談技法の改革——リーガルカウンセリングのすすめ」判例タイムズ一一〇二号〔二〇〇二年〕三二頁）。

II　法的見立ての重要性

一　まえがき

リーガルサービスにおけるプライマリー・ステップとしての面接法の究極の意義は何であろうか。それは適正、妥当な法律相談を行い、十分な時間をかけ、あらゆる問題点を整理し、そのうえで主体性のある「見立て」を作り上げることである。

医療の分野では、昔よく「あの先生は見立てがいい」といった。それがある時期、用語としても現象としても完全に消えてなくなりつつある。

大病院では現在、呼吸数、体温、脈拍などは別にして、その他の肝機能検査の臓器、血管、神経系についての検査結果など、患者の抱える複雑微妙な生命維持器官のもつ意味ある数値のすべてが、医局員の手をいちいち煩わさないでも、臨床検査センターの検査技師の手で、殆どいながらにして判明する時代になってきている。

ところがリーガルサービスについては、大病院の主治医が居ながらにして適正、妥当な見立てを作り上げるような便利な臨床検査的手段は待ち合わせていない。時間と手間のかかる面接や、証拠書類とか証拠物とか現場の踏査といった吟味検討が繰り返し行われた末に、「ではなかろうか」程度のものが先ずでき上がり、そしてそれが次々変更を余儀なくされつつ、適切・妥当な「見立て」が出来上がってゆくのである。

民事、刑事の事件にかぎらず、何ごとにもあれ、その道に練達した達人の直感は貴重ではあるが、それに依存してはならない。すべきではない。訴訟専門家的直感に依存しない、モザイク的積み上げ作業によって得られた複雑多様な試行錯誤の総合が、必ずや適切妥当な「見立て」を作り上げる基礎になる。

繰り返しや、無駄と分かりつつ行うクライアントとの面接や対話の中で、まるでこれにかかわった面接・ふれあいの時間の長さが生み出すかのような深い相互信頼が生まれ、そのリラックスした話し方や態度から、珠玉の真実があふれ出る。

そのような理由から、クライアントが自由な気持ちで法専門家に対し、事実や意見を表明できるような場とか雰囲気を作る前提作業として、積極的傾聴とか、リピートなど、カウンセリングマインドのある目線の低い面接法会得の必要性が当然に重要な課題になってくる。

二　過労死事件の見立て

染色工場で毎日、何回となく脱色釜の蓋を開け閉めしていた一人の工員が、釜から立ち上る高濃度の塩素ガスによる長期暴露によって中枢神経をやられ、遷延性うつ症状に冒され、妻と幼い子供二人を残して自殺した。自殺後、妻は労働基準監督署に労災の申請をしたが却下され、その上級審である労働基準局や厚生省もまた、塩素ガスの侵襲と工員の自殺との間に因果関係なしとして妻の異議申し立てを却下した。

妻はその後の一〇年間に九人の弁護士を巡歴し、有毒ガスと過労にもとづく夫の死の権利保護を、狂人のごとく求めた。しかし、九人の弁護士たちはいずれも、妻の法律相談に取り合おうとはしなかった。

一〇年が過ぎ、その妻は私の事務所に相談に来た。因果関係解明の極めて不明確な事件であったから、私は、調査研究のため、半年の猶予をいただいた。

手始めに大阪大学の中川米造教授に依頼し、大学のコンピューターによって、塩素の毒性に関する世界中の文献を探索していただいた。集められた二七冊の中には、利用できるものはなかった。しかし、中川教授からの依頼を受けたという京都府立衛生研究所の所長から、関西医科大学の衛生学教室を紹介された。

そこでドイツ語の原典、Arbeit Medizin（労働医学全書）六巻にめぐり会った。その第三巻には、塩素ガスへの長期暴露によって大脳神経に栄養を送る毛細血管が侵害され、毛細血管の周囲に、点状出血が多数生じ、大脳神経が懐死しつつあるという病理解剖事例が収録されていた。またこの原典によって、そのような大脳神経の生理学的異変が、患者に対し、うつ症状を引き起こす可能性があるという精神神経学的発症機序も判明した。

このような貴重な文献にめぐり会えたのは一にかかって中川米造教授のご好意とご尽力のたまものである。それにつづいて「見立て」を作り、「委任状」を作成した。その時点で彼女は私の「依頼者」となる。

一九八五年提訴し、二年後に地方裁判所の判決があった。工員の自殺と塩素ガスの長期暴露との因果関係が確定され、この未亡人と子供たちは、それから間もなく染色会社から、僅か三五〇万円の損害賠償金を得ることができた。

当時は、自殺者についての「過労死」という考え方が、世間一般にまだ認知されていない時期であった。この事件が一つの引き金となって、その後過労自殺者の権利が次第に手厚く保護されるようになった。

法的見立てには、このような長期の調査と研究が必要である。法律相談を「訴訟付属業務」としか考えていない現代弁護士は、相談を受けた弁護士が、これに続いて行う、紛争解決手段の選定等、「見立て」を行うについて依拠しなくてはならないクライアントに対する弁護士業務倫理を策定すべき、道義的な義務感など、遂に着想することさえできないのである。

三　森永砒素ミルク事件の見立て

森永砒素ミルク中毒事件という巨大な食品公害事件が一九五五年に、西日本一帯で発生した。この事件は多くの国民が思っているような、「訴訟による解決」ではなく、ＡＤＲ（裁判外紛争解決）という、当時まだわが国では、国民の間でも、法律家の間でも、殆ど全くなじんでいない特異な方法で解決された。

そこに到達する道はどのようにして作られたか。

この事件の被害者像の態様は極めて茫漠とした特異な事件だった。

発生から一四年経った頃には砒素ミルクを飲んだ乳幼児たちには、中学生になり、もはや病的症状はなくなったものと思われ、放置されていたのだ。それが大阪大学丸山博教授の調査によって、大多数のものは、てんかんとか、痴愚、魯鈍、その他病気ともいえないような奇妙な神経症状に冒され続け、どの家庭でも世間体を恐れて、この事実を隠していたことが判明した。

私たち岡山弁護団は、事件発生から一八年後の一九七三年に結成された。

日曜・祭日もつぶして被害児たちの家庭を訪問し、親たちから、彼らが一八年間になめた辛苦を聴き、メモした。約二〇〇人の乳児が砒素ミルクで中毒死していた。それまでに何十件とあった病理解剖記録をひもといた弁護士は、一人もいなかったであろう。

私たちはそれほど遅い時期になって、多くの被害児を観察し、八冊の病理解剖文献や、ドイツ語で書かれた砒素による神経病理学書を精読した。その結果、砒素という神経毒が確実に大脳実質に入り、乳児たちはその結果、中枢神経系を冒され、不治の病にかかっていたことを知った。被害児たちは生涯独りでは、生きてゆくことができない。となると親たちは一生どころか、自分が死んだ後まで、その子たちの介護のてだてを考えておかねばならない。

訴訟手続きでは、既に一八年以上も前に砒素ミルクで中毒死した乳児たちについては、原始的で簡明な、過去精算型の損害賠償請求は容易にできるかもしれない。しかし現在の訴訟という司法システムには、生まれてこの方、重い精神障害を病み、その障害がその子の一生にわたって継続することがほぼ確定的であるような多数の被害児について、彼らの将来にわたる恒久救済対策費を加害企業森永に負担させるための、いかなる機能も具備してはいない。

「クラスアクション」といって、数人の代表訴訟を行い、その法的効果を全国の被害児全員に及ぼすという効用すら訴訟には含まれてはいない。

このような機能不全な訴訟という、不便極まる道具に頼って被害児たちの権利を保護することは、この際、早ばやと思い切って諦めざるを得ないではないか。

岡山弁護団は、訴訟よりも質の高い権利擁護のできる道具としてのＡＤＲ（裁判以外の権利保護手続）を敢えて選択し実行することについて、被害者集団の代表者たちとともに、協議し決断した。

過般、ハンセン病訴訟では、国を相手の損害賠償訴訟で、元患者たちは、過去における患者たちの無念と被害の重大さを、判決によってほんのいっ時だけ、国民に劇的に知らせ、心ある人々の涙を絞らせることはできた。

しかし彼ら元患者が、今後一般社会に出てゆき、後遺症を抱えたままの状態で、コンビニエンスストアーやスーパーに買い物に行けるか。地域の行事に気軽に参加できるか。そんな人間らしい生き方ができるところまでの対策がとれるよう、判決は配慮し示唆したであろうか。

勝訴判決だけでは、元患者たちは、恐らくは殆ど何もできない。

私は森永砒素ミルク中毒事件岡山弁護団の面々に対して告げた。

「ＡＤＲによって戦うものだけが戦列に残れ。訴訟を希望する意思の弁護士は、さっさと去れ。」二人の弁護士がＡＤＲ弁護団を離脱した。

私たちはそのようにして、依頼者が自主的に策定したＡＤＲ活用の大方針と、弁護団独自の見立てを、寸分の狂いもなく遂行するための行動指針を明確に確立し、依頼者集団幹部に伝えた（インフォームドコンセント）。

後に残った岡山弁護団の弁護士たちは、厚生省が臨時に作ったＡＤＲ（裁判外紛争解決）に拠り、因果関係論一本で戦う戦士の集団に変身した。

四　当事者の意向を尊重

「被害者のこどもを守る会」の熱心な運動に押され、時の斉藤邦吉厚生大臣が、被害児と森永乳業の紛争あっせんに乗り出そうとしていた。私はこれをＡＤＲ（裁判外紛争解決機関）として有効に活用し、残酷に見えても、死者は当分の間、紛争の当時者から外し、被害を受け、現に後遺症に呻吟している二万人近い子供たちの今後の生涯救済だけを声高らかに叫ぶべきだと考えた。

具体的にいえば、砒素ミルクの被害者たちは、精神神経的後遺症に押しつぶされ、親子ともに、不安に呻吟しつつある。そんな被害児たちが、両親亡き後まで、生涯を通じ、適切な介護を受けられるか。痴呆・てんかんなどの重症者に対しては、介護施設を作り、適切な運営手段を講じ、緊急な救済を展開すべきである。親たちは、われわれ弁護団も、その実現に向けて行動を起こした。

われわれ法専門家集団は、親たちの考えるこのような生涯救済方策実現のためには、訴訟・裁判手段が、自分たちの高邁な目的実現にとって、何の役にも立たないことを肌でもって知り尽くしていた。それがこの段階で立てたわれわれ法専門家集団の「法的見立て」であり、依頼者もまたこの見立てに、心から共感した。このような法的見立ては、一九七三年五月ころ、ＡＤＲ支援弁護団が被害者の意向を十全に理解したうえで決断し確立したものに他ならない。

事件発生から、はや一八年を経過し、被害は日に日に拡大している。「今から数ヵ月以内に、必ずやこの長期紛争に法的最終決着をつけて見せるぞ。」「先生、お願いします。」私は幹部たちにから数か月の猶予を頂き、言葉どおり、昼夜兼行で、砒素という毒物が引き起こした精神神経症状が不治の病であることを、法的因果関係論としてまとめにかかった。

私どもは、紛争解決について、単に手助けするだけの産婆役的専門家であるに過ぎない。そのような法実践哲学は、今日二一世紀の始めになってようやくにしてごく一部の人々にのみ認知されるようになった。

実はこの「当事者主体の紛争解決」という臨床法学的哲学とその実践は、恐らく、一九七八年、森永砒素ミルク中毒事件岡山弁護団において、世界で始めて、実践的に立てた「法的見立て」から生まれたものだと、私は確信している。

さて、しかし、どれほど有能な医師でも、個々の被害児を、ミクロ的に精密に診察・検査してみても、それだけでは彼ら被害児が、砒素という神経毒に冒されているからそうなっているのだと、医学的にも、まして法的にも、説得力を持って結論付けることはできない。ではどうするか。そこに主として伝染病などの予防医学に利用される「疫学的証明法」を適用し、因果関係論を構築する必要が出てくる。

被害児集団を、同数、同年齢の健康な子供と対照し、マクロ的に捉え比較しながら重篤な神経症状の発症頻度を比較考量し、この子達はまさに神経毒砒素に冒された結果、こうした症状を多発しており、それが軽快・改善される余地はないという証明の仕方が必要になる。

私以外の弁護団全員（一五名）は、そのような疫学的証明法を採用する必要はないという。私は、「真理の証明法に多数決原理は不適切」と宣言し、多数決意見を無視し、数種の疫学的手法を重ねて用い、因果関係論を完成した。被害者集団は、愛をこめ、この書面を、「波多野因果関係論」と呼んだ。

私たちが書き上げた因果関係論は、もう少し時が経過すれば、今患っている砒素中毒後遺症の子達は、あるいは少しは改善するかも知れないという親たちのかすかな希望を徹頭徹尾打ち砕く、残酷な論理であった。私はこれに、「神経毒砒素による、中枢神経の破壊」という副題をつけた。

親たちの不憫な子を思う心を思い、私は幾日も泣きながらその残酷な因果関係論を、文字通り、夜を徹して書き上げた。書き上げた後、被害児の親たちの前でそれを読み上げた。親たちは驚き、皆泣いた。

被害児の親たちは、安価なMFドライミルクに手を出したばかりにわが子に毒入りミルクを飲ませた。その結果、わが子を不治の病に陥れた。親たちは世間体をはばかり、一八年間、民医連の内科にばかりわが子を連れて行っていた。私たち弁護団は、そんな親たちの、(もしかして改善するかも)という、一縷《る》の僥倖《ぎょうこう》を待ち望む心を、徹底的に打ち砕くものだった。

五　インフォームドコンセント

インフォームドコンセントの第一歩は、このように残酷極まりない告知から始まった。そのような残酷な因果関係論は、日頃から被害者集団と厚い信頼関係を結んでいる弁護士でなくては、到底唐突には書けなかったのであろう。

その年の一〇月以降、岩月祝一理事長、黒川克己副理事長、岡崎哲夫事務局長ら、岡山在住の「守る会」幹部主体の数人は、われわれの書いた因果関係論の原稿のコピーを、腹巻のように、各自おなかにしっかりと巻きつけ、厚生省その他で開かれた特設ADRの席で森永乳業の大野勇社長と渡り合い、一九七三年一二月二三日、斉藤邦吉厚生大臣の前で両当事者は和解し調印し、大野勇社長は、岩月理事長らに誠心誠意謝罪した。

森永乳業が、砒素ミルクと被害発生の因果関係を認め、厚生大臣の前で岩月理事長はじめ、被害者集団幹部に謝罪したのは、この日が初めてだった。

森永乳業は、和解が成立した一九七三年末以来、二〇〇四年の今日までの約三〇年間、被害者集団（財団法人ひかり協会）に対し、毎年約一五億円の恒久救済対策費を支払い続けて来ている。今日までの支払い総額は数百億円に及ぶ。

民事訴訟や民事調停という紛争解決手段しか知らない今日の弁護士たちには、到底想像もできないほどの巨額な金額である。

法専門家が紛争事件に当面したとき、訴訟という手段では、到底満足の行く終局的紛争解決は不可能だとする、このような「法的見立て」に到達する必要は、今世紀において恐らく相当高い比率で発生するであろう。そのことを予想し、今後世に出て行く若い法律家たちに対し、十分な見識を備え、心の準備をしていただくため、以上長々と説明した（拙稿「森永ミルク中毒訴訟」波多野二三彦編・岡山の弁護士（一九七六年）二六三頁以下。拙稿「ADRによる被害児の生涯救済——森永砒素ミルク事件の教訓」判例タイムズ一〇三一号（二〇〇一年）二二頁）。

六　紛争の主体的解決

一九九〇年四月、第二東京弁護士会に「仲裁センター」が開設された。それから間もない五月のある日、NHKの松尾竜彦解説委員がテレビ番組でその紹介をなさった。その翌日には恐らく何人かの市民が相談に来られるだろうと思い、私は弁護士会館に待機していた。

お昼過ぎ、六〇歳過ぎの女性が相談室に駆け込んできた。

「私たち夫婦は、もう長い間、主人の姉のことで毎日言い争い、おかしくなっています。主人の父は戦前に亡くなりました。父名義の全ての財産は家督相続で夫が全部相続しました。主人には一人の「行かず後家」の妹がいます。主人はその妹にもう、四〇年以上も前から夫名義のアパートの一室に無償で住まわせ、そのアパートを管理させています。そのアパートから上がる家賃は七戸分で三五万円あります。姉はその家賃をこの四〇年、ずっと横取りしていて一円も払ってくれません。夫は殆ど毎晩のように、お前がマンション、アパートの管理を取り仕切っているんだから、姉と話して、姉から一応全戸の家賃をこっちに入れさせ、その中から姉の生活費を出すようにしろ。この四〇年に姉がくすねた家賃を計算して見ろ。すごい額だぞ、と、口やかましく申します。近頃はもうこのことで、毎晩主人とけんかばかりです。姉は幼い頃からの変わり者で、高校にも行かず結婚したこともないし、趣味もなく、友達もいません。私など挨拶したこともありません。どのように言って切り出すべきかもわかりません。私はすっかり疲れ果て、何も手につかなくなっています。こんな事件でも仲裁センターでは解決していただけるでしょうか。」

私は少し質問をした。

「貴方が管理していらしゃるマンション、アパート全体から入るお家賃は幾らくらいですか。」

「マンション一棟分で約一〇〇〇万円です。それに今建築中のものもあります。マンションの集金と修理の依頼に明け暮れているような生活です。」

「古いアパートの経営管理なんていう仕事は、気苦労の多い難儀な仕事だと思いますよ。お姉さんがその戦前の古いアパートの管理を一手に引き受け、愚痴も言わないというのは、貴方のように新規のマンション経営をなさる方にとっては、考えようによってはむしろ願ったり叶ったりではありませんか。」

私がそう言うと、ご婦人は急に沈黙し、言葉が絶えた。長い沈黙が続く。きっとあれこれ考え込んでおられたのだ。今日ここで気の利いた結論をもって帰らなかったら、またもや主人の、ぐじぐじした愚痴が始まり、やがて夫婦喧嘩になる。恐らくこのご婦人はそこのところを、「問題の焦点」として沈黙維持のまま、静かに考えはじめたろう。彼女の沈黙は二、三〇分も続いたろうか。

ご婦人は長い沈黙の末、ようやく口を開いた。

「こちらにお伺いしてお話申し上げていますうちに、私は長い間大きな勘違いをしていたことに気が付き始めたのです。私は、不憫な主人のお姉さんに対する自分をかえりみまして、自分自身が恐ろしくなりました。」と、また沈黙。しかし彼女の表情には、ほのぼのとした明るさが漂い始めてきた。

「先生、今日はとても素直な気持ちになってきました。自分でも不思議なくらいです。自分の気持ちがひとりでに固まってくるのです。先生は咎めたりはなさいませんが、私のこれまでのお姉さんに対する態度は根本的に間違っていたと思います。お姉さんには、相当に偏屈なところがありますし、主人は世間体をとても気にする人ですから、お酒の勢いで、私に対してお姉さんの悪口雑言を毎晩のように浴びせかけたのです。

しかしここに来させていただいて、自分で静かに、ゆっくりとあれこれ考えながらお話させていただいていますうち、自分の心のずっと奥につっかえていた、魚の骨のようなものが、なんだかひとりで取れてしまったようなさわやかな感じです。

考えて見ますと、お姉さんは亡くなった父親から何一つ相続していません。

いろんな面でわたしたち夫婦より、ずっと不幸なお姉さんが、そのことについて私たちに愚痴一つこぼさず、事業家然として高級車を乗り回しているわたしたち夫婦を横目で見ながら、まるでアパートの店子のように、あのおんぼろな一室に住み、気骨の折れるアパートの修理は、全部自分の費用でもって修理業者の店から店を走り回り、一軒一軒家賃を集めて回っているのです。もう四〇年以上もそんな状態が続いています。

今日は法律相談の途中から、先生からつぎつぎとがめだてされるかなと思いましたが、そういうこともなく、先生とこうしてただひたすら向かい合って座っているだけという、不思議な状況の中で、自分の人間的冷酷さがありありと見えてきたのです。自分の至らなさに耐えかねて、今日はこんな泣き虫になってしまいました。

でももうすっかり決心がついています。家に戻ってどんなに主人が声を荒げましても、私には静かに対処できる力が湧いてきました。先生。私は嬉しい。」

ご婦人は、涙声を交えつつ、とつとつと語り、時々はハンカチを取り出して涙を拭っておられた。そして最後の、「嬉しい」を、一段と声を大きくし、決然とした口調でおっしゃった。

彼女の一大変容だ。私は最後に彼女に言った。

「今日貴方にお会いできましたことは、この仲裁センターの創設に関わらせていただいた私にとって、とてもいい記念になります。遠いところからはるばるお訪ねくださいましてありがとうございました。」

多くの法律相談は、法専門家としての弁護士が、過去の何らかの法的トラブルについて、法的な評価・判断を提供するものであった。それで満足していた。

これからの法律相談は、それだけで満足していてはいけない。

クライアントとその敵対関係にある人々との、これまでの人間関係のあり方を吟味し、将来に向けて、関係の修復や改善を、クライアント自体が、自分たちの気づきによって、主体的に考え、かつ実行してゆくための、いわばターニング・ポイントにするためのチャンスである。弁護士はその際に、アドバイザーではなく支援者としてのかかわりを持つに過ぎない人である。

法律相談にリーガルカウンセリングの光を当てると、法律相談の多くのものは、他律的から主体的に変わり、また、過去探索・精算型から、未来形成型へと変わってくる（波多野二三彦「紛争の主体的解決」二弁相談センターだより（平成一三年一月））。

第二章　裁判外業務の臨床

Ⅰ　交渉の臨床

一　まえがき

二一世紀を迎えた今日、わが国では、折しも「司法改革」の完成期を迎えている。その改革を推進する弁護士たちが、「民事紛争処理手段」という言葉で真っ先にイメージするものは、裁判所の調停・訴訟に徹頭徹尾依存する姿である。

改革完成後の紛争解決機構イメージとしては、今までと同様、裁判所の周辺に、「裁判所従属民」としての弁護士たちの事務所が「門前市町」よろしく群がり集まり、裁判関係類似商品販売の市を開き、裁判所の廊下では、弁護士が団子になって行き交う昔ながらの風景が日毎展開されるその姿である。

弁護士過疎に付帯する司法改革の大問題ですらも、「地方裁判所支部・簡易裁判所に従属する訴訟代理人弁護士」の頭数をそろえることが前提なのだ。

「ゼロ・ワン地区」という弁護士だけに通用する隠語は、いまや全国の弁護士を覆い尽し、「権利主体である市民中心」のイメージは消え去り、それとは逆の、「お裁き中心コンセプト」による、民事紛争処理システムの基本設計と、脆弱極まりないそのインフラの上で、司法改革が賑やかに進行している。

今日の弁護士過疎対策の姿は、わが国の司法書士制度や、ドイツの弁護士制度に見られる弁護士の分属主義(Lokalisierung)に眼をつむり、旧来の裁判所従属民として、大都市集中型の根本的構図を加速度的に拡大しようとする弁護士の利益追求本性を隠蔽するための弥縫策であり、局地的なバンドエイド改革で広域にわたる正義が、確実に実現できるかのように装う、稚拙なカモフラージュである。

そのような古典的民事訴訟中心の紛争処理システムづくりに挺身する弁護士を英雄視し、これに固執したままで弁護士過疎対策を議論する現状に、多くの市民は多大の不信感を抱いている。このカモフラージュに良心を痛め、そのような不誠実な構図に疑問符を投じる弁護士の数は、今日稀有である。

日常的な消費生活者によくある、感情的かつ少額な紛争を抱えて悩んでいる数多くの国民にとって、「呼出状」に引きづられて裁判所に「出頭」させられ、高いところに座る黒衣の人々から裁かれることは、苦痛である。悪いことをしていない人は「被告」とは呼ばれない、と信じている市民にとっては、素直な気持ちで馴染める場所であるわけがない。柔らかさや穏やかさの欠けたお上の仕事ぶりに接するたびに、国民は、使い勝手の悪いこのサービス機関の尊大さの存在をかこっている。

そのような裁判所という権利保護のためのメタリックな巨大重機に、弁護士という門前市町の住人は、いつまでも帰依し、これにしがみついて食っていてよいのだろうか。

弁護人といい、訴訟代理人といい、弁護士は元来、依頼者の代理人に過ぎない人種である。それが今では、依頼者たちは弁護士のための「情報運搬人」としての位置に蹴落とされ、訴訟は弁護士主体で行なわれている。

今日の法専門家たちは、この抜きがたいステレオタイプな固疾法学を代替不能と考え、それが当然であるかのように扱っている。この基本的エトスのもとで、私はこれから、小市民に役に立つリーガルカウンセリングを語ろうとしている。これから述べる裁判外業務の臨床事例は、上に述べてきたことがらのアンチテーゼとして浮かび上がってきた新しいオールターナティヴの法的サービスである。オールターナティヴとは、「その事案にピッタリの」という意味である。

二　内妻の退職金

われわれ弁護士が扱う民事・家事紛争の中には、裁判所の調停はおろか、弁護士会の主宰する仲裁あっせんなどの穏やかな紛争解決機関の利用にさえなじもうとしない数多のケースがある。それは長年の感情のしこりが、強く尾を引いているその中に端を発した厄介な民事紛争である。二三の事例を挙げよう。

九五歳の旦那は老衰で亡くなった。後にぽつんとただ一人、会長の豪邸の中に孤立して取り残された女性がいた。今は亡き会長の愛妾がその人である。

長年の日陰者の生活から逃げ出したい。老いの身には豪邸など不要だ。ただ会長とともに心を合わせて設立維持してきた株式会社からの退職金だけは、これからの老後の生活費として是非とも獲得しておきたい。

その株式会社はといえば、社長以下の重役は、時代が移ろい、今は亡き会長の本妻が残した五人の年老いた娘たちで占められていた。何事につけ計算高く感情の起伏の激しい熟年、老年のご婦人たちである。

これらの娘たちがティーンエイジの年頃の娘であった時代には、私のクライアントは、当然のことながら母親の仇敵であった。相手方は亡き旦那の愛妾との愛憎逆巻くはざまにあって、長い年月を耐えつつ生きて来た女性たちである。

このような案件では、その昔嬉々としたティンエイジャーたちだった相手方たちの、妾に対するとげとげしい感情がややもすれば先に立つ。まして老いた母親は今なお過疎の離れ小島で針子として細々と暮らしている。これら中高年の女性五人が経営する会社を相手方として、いきなり退職金を支払えといって、裁判所に調停などの事件を起こしても、相手方は応じてくれないだろう。

社長である最若年の娘さんのほか、近所に住む関係者たちが私の事務所に集まり、最近の会社決算書なども参考にしながら、当事者同席で、退職金をどのようにして出そうかというオープンな話し合いをした。

旦那の残した娘たちから見れば、お妾さんは、自分たち各自が高校に通うようになって以来、母親よりも優しく、よく気のつく親切なおばさまだった。しかし針子の仕事で爪に灯をともすような貧しい生活に明け暮れている小島の母親の家を出た以後、リッチで優雅なお妾さんから、親切にしてもらえばもらうほど、針子生活の母親の哀れさが思い起こされ、親切はアンビバレントに憎しみをかき立てた。

そうはいってもお妾さんの実家からの、たび重なる経済的支援のおかげで、今日会社が何とかここまで生き延びることが出来た。自分たち全員も女子として恥ずかしくないだけの高等教育が受けられた。そのことを疑う娘たちは一人もいない。旦那とともに今日の会社の基礎作りをし、実家の田畑を担保にしつつ、副社長格として大きな貢献をしたお妾さんの功績を思えば、相当額の退職金を差し上げたい。でも会社社長である末娘の婿はいまだに運転手だし、おば様重役たちも現場で働く現業社員に等しい。お世話になったお妾さんに差し上げるお金が足りない。どうしよう。

五人の姉妹たちは、電話で互いに連絡を取り合いながら合意を取り付け、父の生前に父から贈与された分割金の中から各自一〇〇万円をお妾さんへの慰労金として出しましょうよ。そして、会社からは別に五〇〇万円を退職金として差し上げたら。これが私たちの会社と五人姉妹としての精一杯の誠意です、という結論になった。

クライアントである元お妾さんは、五〇歳を超えている女性重役たちから、合計一〇〇〇万円の慰労・退職金を受け取り、今は亡き旦那とともに長年住み慣れた豪邸をいとも気軽に引き払い、お互いに礼儀正しく「さよなら」の挨拶を交わしつつ別れていった。

三　成田離婚

若い男女が、約二年間の交際期間の末結婚し、手に手を取って成田から、インドネシアに向けて蜜月旅行に出かけた。

新郎Aは交際期間中黙っていたが、結婚式も無事終わったことから、新婚旅行の旅先では気の緩みから、新妻Bの欠点をのべつまくなしに数え上げては説教をした。食事が遅い。気が利かない。

Bはいたたまれなくなり、蜜月旅行の間、毎晩新郎のベッドには入らず、ホテルのソファーの上で寝た。そして帰国便の飛行機が成田に着くや否や、そのまま実家に泣き泣きとんで帰った。

この新妻Bは、交際期間中に妊娠していた。新郎のAは、Bが夫の自分に一言の理由も言わないまま成田から実家に逃げ帰っていったその理由が分からなかった。そこである日自分たち夫婦のためにと定めていた新居に、里に帰っているBを呼び寄せ、その理由を尋ねた。言えば言うほど空気が剣呑になることを感じていたBは、殆ど黙ったままだった。Aは暴力を振るい始め、お腹に赤ん坊をみごもっていることも忘れ、Bの腹を蹴った。赤ちゃんは切迫流産になった。

二人の結婚披露宴には、Aの方から数百万円支出していたから、Aは、もしどうしてもこのまま分かれるというのだったら、少なくとも五〇〇万円の慰謝料が欲しいという。Bは、三〇〇万円程度はしかたがないと言った。

私はA君に、一週間の内観実習を勧めた。それはA君が外罰性の強い性格ながら、自分のこれまでのBさんとの交際期間中のわがままや、新婚旅行中の言い過ぎから、さらには日本に帰ってきてからの新妻に対する暴力事件による胎児流産の結末を含め、この際あらためて自分自身を、根本的に見つめなおし、洗いなおして見たいといったからであった。

A君は内観（一四八頁以下）から帰ってきて早々に私に言った。

「生まれてこの方、これほどのショッキングな体験はありませんでした。ショッキングではあったが、自分自身がいかに浅はかであったかも、よくわかり、これほど新生の喜びを感じたことも初めてです。今の清々しい気持ちで妻に逢い、妻に心から謝罪し、彼女の許しが得られたら、始めからやり直したい。」

しかしBさんは、もう二度と再び彼には会いたくない。金銭的な解決だけを望んでいる、と突っ張り、私はその旨をA君に伝えた。

A君は言った。

自分がこのたび、Bとのトラブルで内観し、その内観で得たものは、金銭に換算できないほど価値ある宝物でした。

自分は、Bさんの栄えある人生の門出を挫いた。その上自分の作った胎児までを自分の蛮行によって殺した。Bさんが、胎児の母親として、もうこんな私に会いたくないという気持ちも、内観を済ませた今では十分了解できます。金銭的な賠償など望もう筈がありません。

最後に、私を、見苦しい私自身に合わせてくださいました波多野先生に、心から感謝いたします。

四　内妻に対する立退請求

第二東京弁護士会仲裁センターで不調・取下になった直後、その日のうちに当事者間で和解成立した事件。

大富豪の血を引く一人の男があった。この男性は、本妻との間に二人の子供をもうけたのち、妻を捨て三〇歳代の末頃に知り合った当時一六歳になる女優Bさんと恋に落ち、それ以来半世紀、彼女と同棲を続けた。

二人の間に子供は出来なかった。五〇年あまりの間、仲睦まじく、都内の豪華マンションを根城にして優雅な生活を楽しんだ。亡くなる前の数年間は、男は脳梗塞で半身不随となった。そして先年九二歳で亡くなった。待っていたしたとばかりに、マンションの所有者である本妻の娘Aさんは、仲裁センターに、妾Bさんを相手方としてマンション明渡しの申立をした。

仲裁人の私は、期日前に問題のマンションは見分していた。しかし審理期日には、ひたすら沈黙していた。同席していた双方の代理人弁護士もまた沈黙を通した。五〇年間も内妻をつとめた女性に立ち退きを要求するのは、どうみても権利の濫用であるように思える。そのことは恐らく双方当事者の代理人には、分かってはいるが、口に出さないだけのことであった。みんなが口を開きにくかった。

長い沈黙が無意味に続いた。いくら待っても双方の代理人は、ガマン比べのように沈黙を続けている。わたしはとうとうしびれを切らした。

「月額五万円で、申立人と相手方で話し合い、賃貸借契約を新たに結んだらいかがですか。」

私は陳腐極まりない提案をした。申立人と相手方の代理人は、双方ともに、申し合わせでもしていたかのように、「いやです」「いやだ」と言ったと思うと、午後二時過ぎ、あっさりと仲裁申立を取り下げた。

その日の夕方のことである。Bさんご本人から仲裁人の私宛に電話があった。

「おかげさまで、あれからすぐ、波多野仲裁人のおっしゃった金額で、Aさんと私の間で、新規にこのマンションについて、賃貸借契約ができました。これで私は毎日の不安な生活から、完全に開放されました」と。

摂氏〇度の池の水は、それだけでは凍らない。その水面に一本の小枝でも投げ入れると、その小枝を中心にして、池の一面にサーッと氷が張ってゆく。

摂氏〇度の沈黙が続く池の中に、私がひとかけらの陳腐な提案を投げ入れたとたんに、月額五万円の新規賃貸借契約の締結という法的成果が、私の目の届かない場所で、忽然として現れた。

そのような現象が、いかにもこの案件の持つ不条理に適合したスーパー条理を示した姿かたちであるかのように、私には思われた。仲裁センターは、人々に未来を作って差し上げる機関だ。

仲裁開始から、新規契約締結まで、僅か四時間であった。費用は一万円。仲裁人報酬はゼロ。

五　ごみ屋の家屋明渡

東京都内荒川区の大家さんが、弁護士会に法律相談にやってきた。

「中年の独身者に持ち家を一軒貸したら、彼はごみ屋です。一階も二階も天井までごみの山。粗大ごみは道路にまではみ出して山を築き、先日はそのごみの山から火が出て近隣の人々から苦情が出た。このごみ屋は銭湯にも行かず、道路に散水する水道水で時折顔を洗うだけです。このところ三ヶ月の家賃も滞り、立ち退いてもらいたくてご相談に来ました。」

執行部から直接受任の許可と、着手金・報酬金・交通費合わせて一五万円という報酬契約書に、会としての許諾印をもらった私は、それから間もない日、都電に乗って現地に出かけた。

ごみ屋は小型トラックの運転席でコッペパンをかじりながら、私が来るのを待っていた。

「コッペを食べるのはやめなよ。これから僕と一緒に大家さんの家へ一緒に行こう。そしてざるそばでもご馳走になりながら話そう。」

彼は大家さんの家で、ごみ哲学を一時間あまりわたり、立て板に水と話した。

「いま僕は、段ボールだけを月島のごみ集積場から選り分けて持ち帰り、再生工場に販売するという仕事をやっている。銭湯に行く暇さえない。わしがやってるこの職業がなかったら、東京都のごみ処理事業はたちまち破綻する。

都民はごみを各自が、生ゴミ、不燃ゴミ、再生可能なゴミと、選別して出すべきだな。今のようにどかどか出していたら、近い将来大変なことになる。僕は区役所に一一年勤めていたが、ごみ問題に目をつけ、今はごらんのとおり真っ黒になって働いている。都民の眼に見えないごみ処理という大事な分野を、わしが一隅で支えているという使命感に燃えているわけだ。」

私は彼の言うことに耳を傾けた。

「忙しすぎたり病気をしたりで家賃が滞ってしまい、申し訳ない。これだけ家の前の道路にごみを積み上げて放置し、多くの人に迷惑かけていることも申し訳なく思っている。三ヶ月待ってもらえば、全てのごみを他へ運んで清掃し、立ち退きます。今まで自分のごみ哲学に耳を傾けてくれた人は、一人もいなかった。」と、聞き手としての弁護士の態度をほめてくれた。

このようにして家屋明け渡し事件は、たった一回の現地での、和やかな話し合いで円満に終わり、彼は三ヶ月後に立ち退いた。

六　平等に漂う注意力

岡山仲裁センターが創立されて間もない頃申立てられ、第一回期日の日、当事者間で和解がととのい、取下で解決した事件。

兄弟間での遺産分割請求の仲裁あっせん事件が舞い込んだ。関係者たちがまだ十分手馴れない頃のことゆえに、その五年前から第二東京弁護士会で、いくらか仲裁センターの運営に経験を積んだ私は受付窓口にいて、事件の配点を担当していた。岡山では今でも、事務員ではなくベテランの弁護士が事件配点している。

申立人の兄はこれといった学歴もなく警察犬訓練士であり、弟は大都市の大企業に勤める幹部社員だった。この二人は遺産分割のトラブルで激烈な喧嘩をしており、弟は名文の「絶交宣言書」まで作っていた。

私はこのように、感情的にこじれた仲裁申立て事件には、卓越したカウンセラー仲裁人の関与が是非とも必要だと思い、わざわざA仲裁人のご自宅まで出かけ、担当をお願いした。

第一回期日の際、ふと書類に眼を落としたこのカウンセラーの仲裁人は、学問のない兄の長女が、「社会福祉法人岡山いのちの電話協会」の電話相談員をしていることに気が付いた。AさんはS短大名誉教授で、「岡山いのちの電話協会」の理事であった。彼は極めて率直な人柄であったから、そのことを知るや、学問のない兄に向かい、威儀を正して言った。

「お兄さん。貴方は学歴がないと自らを卑下していらっしゃるけど、貴方はご立派な方ではありませんか。だってあなたのご長女は、「いのちの電話ボランティア」として日夜、嘆き、悲しみ、苦しんでいる人々に寄り添ってゆこうとなさっていらっしゃる。それはとりもなおさずお兄さん、貴方のお人柄がご立派だからだと思います。」

賢い弟は、A仲裁人が、自分と仲の悪い兄に対して示したその丁重な物腰に驚いた。

そして今まで馬鹿にしていた無学な兄の生き方に感動した。

兄の美点・長所を即座に感知したからである。そして言った。

ただ今仲裁人のおっしゃったことで、私は自分の兄が、みどころのある人物であることをよく分からせてもらいました。今まで自分は、兄に対して彼を侮辱した態度で接していたことを、大変恥ずかしく思います。私はお許しがいただけるなら、以後尊敬すべき兄と親しく協議し、自分たちの遺産分割は二人で決めて行きたいと思います。

このようにして、相当の難件だと思われていた事件は、当事者の信頼関係が瞬時にして芽生えたことから、たちどころに解決に向かっていった。

従来型の殆どすべての法専門家は、このような場合、あらかじめ法的な分割割合のメモなどを作っておいて当事者を説得しようとする。このカウンセラーである仲裁人は、それをする前に、当事者各自のねじくれた心に焦点付けさせ、最大の問題となっている入り口の扉に油を差し、さび付いた扉を、軽々と押し開いたのであった。こうして紛争当事者の自主解決を促進し、決断させた。

ジグムント・フロイトの言葉に、

平等に漂う注意力（gleichschwebende Aufmerksamkeit）という言葉がある。

誠意をもって解決策を探ろうという意気込みなどは、一つの法的問題に法律の虫眼鏡を近づけ、フォーカスづけしてそれに囚われ、見事に失敗する初心者の姿だ。そうではなく、法律要件や紛争の原因究明から離れ、自由でしかも、平等に漂う注意力の結果生まれる、「一見劣った人のもつ、美点・長所に感応する心」が、えてして重大な効果を発揮するのである。

このような紛争の事実関係には全くとらわれないで、まるで高い空から自由に紛争当事者を眺めるようなこの自由闊達な技法が、力関係の異なる当事者を瞬時に同一の土俵に立たせ、瞬時の和合へと導いたのである（波多野二三彦「弁護士面接相談技法の改革――リーガルカウンセリングのすすめ」判例タイムズ一一〇二号〔二〇〇二年〕三二頁）。

七　面接交渉におけるユーモアー

法専門家たちのカウンセリングに、ややもすれば欠けるものがある。それは「ユーモアー」である。ユーモアーの精神は、法的面接の行うときや、法的交渉の過程の中での、必須の精神的態度・要件である。

ユーモアーは、面接・交渉その他いろいろの機会に、いろいろな形をとって発現するが、このユーモアーの精神は、困難な法的面接・交渉を柔らかく、かつ穏やかに進めるための妙薬であるといえる。ユーモアーが面接交渉の必要不可欠な要素であることは、カウンセリングが「柔らかさ」を他の何よりも必要とするものであるかぎり、すべての法的面接交渉にその味つけが必須でなくてはならない。そのことは誰でもが気づいている。しかし臨床技法としてこれを具現化しようとすれば意外にも難しいことに気づかざるを得ない。

法的交渉に熱が入りすぎると、言うことなすことが硬くなる。そうなれば硬い言葉が面接・交渉の相手方の心に染み入るようには響かない。石で石垣を打つのと同じである。硬い言葉だと、まとまるべき交渉もまとまらなくなる。

私は、交渉相手が特に「こわもてスタイル」であるとき、交渉の雰囲気の硬さをほぐすために多用している。こわもてスタイルといえば、多くの場合「民事暴力事件」に出てくる面接・交渉当事者である。

臨床事例を挙げて、ユーモアーのある交渉の味わいを語っておきたい。

(1)　分割弁済金を撒き散らす男

病院の看護婦さんが交通事故の被害者になり、弁護士である私に事件の示談交渉を委任した。加害者Ｐはサラリーマンであり、一一七万円を、毎月五万円宛払いますと言う。それでは来月から毎月末日限り五万円宛てを、私の事務所に持参して払ってください。そうします。で、和解ができた。

約束の期限が来たので催促すると、Ｐはふくれ面をしたやって来て、今日はお金がないので、持ってきていないと言う。「何だ。折角今日の日を待っていたのに、第一回目からこれか。男らしくないじゃないか」と私。

「弁護士、そんなに金が欲しいか。」「あゝ。欲しいとも。」

Ｐは突然乱暴な言葉でそう言ったかと思うと、背広の内ポケットから一万円札合計五枚を取り出し、私に向かって一枚ずつ投げつけた。

五枚のお札は、思いおもいにフロアーに飛び散った。極めて剣呑な空気をはらんだ状態が出現した。ここで私が硬化すれば、相手方はますます硬化する。このような場合、相手方の失礼な振舞いを、むしろ何気ない所作で包み込む方向に向かって対処しなくてはならない。

私はそれらのお札を、何くわぬ顔をしてかき集め、「ありがとうよ」といって領収書を差し上げた。

加害者が被害者に直接こういう失礼なことをするとどうだろう。被害者はきっと、「そんな汚らしいお金などいらない。」と言うだろう。しかし私は代理人だから、投げつけられたって、丁寧に差し出されたって、平気だ。投げつけられたお札は、拝んで清めて被害者に差し上げればそれでいい。

以上でユーモアの雰囲気作りについてのお話は終わる。

以下は後日談。

何らかの話のついでに、私はこのエピソードを、看護婦を雇用している医師に話した。その医師は、県医師会の大物理事さんだったから、Ｐさんを雇用している会社の社長に電話し、「お宅の会社には、こんな無作法な社員がいる。医師会としてはこんな社員のいる会社とは、今後取引はしません。さようご承知ください。」と、圧力をかけた。

早速、その会社の社長が自ら私のところへ飛んできて、被害総額の全額に、社長からのお見舞金を添え、一度に弁済した。

(2)　えせ同和事件の交渉

世の中には、未解放部落の人々に対する「部落差別」を逆手にとって、ゆすり、たかりをすることを生業にしている無数の輩がいる。

あるとき、一人の客が、深夜、タクシーにに乗り込んで来た。そして運転手に言った。

「運転手さん、あなたはどちらの方ですか。」

「私は〇〇の出身です。」

「そうですか。あのあたりには、相当悪い同和の人がいますなあ。」（同和とは、未解放部落）

「いや、悪い人ばかりではありません。」

運転手は、客の誘いに引き込まれ、言ってはならない差別をやらかしてしまった。「悪い人ばかりではない」といえば、その言葉の裏には、「未解放部落の人々の中には、悪い人も中にはいらっしゃる」と、差別用語としての「同和」を前提にした世間話をしたことになり、それこそ恐喝業者の思うツボである。

（しまった、ワナに引っかかった）、と思ったときは、もう遅い。

善良な運転手は、まんまと悪い奴の仕掛けた恐喝のワナに引っかかった。一度ワナにかかったら、もう逃げられない。その後どうなるか。

彼らは運転手の所属する会社に因縁をつけて脅し、一〇〇万単位の金をせしめる。

「おい、貴様。部落差別をしたな。お前のような奴は生かしておけねえ。明日の午後二時に、貴様の所属する〇〇交通の、〇〇営業所にやって来い。」

〇〇タクシー会社の常務さんから、緊急電話を受けた私は、指定された時刻に合わせ、常務の運転する車で、〇〇営業所に行った。件の運転手は顔から血の気が引き、青さを通り越して土色の顔である。そして、もうハンドルも握れない。運転手を辞職し、死んで会社にお詫びをしたい、と震えていた。

そこへ、同和問題〇〇県連副会長という名刺をもった男がやってきた。

「弁護士も来たか。うむ。波多野弁護士か。」

私は彼の傍まで行き、彼の目の前の折りたたみ机を、力一杯叩いて言った。

「こーの野郎。善良な運転手をうまく引っ掛けやがって。貴様のような奴は生かしてはおけん。わしが只今から貴様を成敗してやる。覚悟しろ。」

私の言葉は、かなり荒っぽい。

それを聞いたタクシー会社の常務までが土色の顔になり、そのような高圧的な態度はこの際、控えてください、止めてくださいといわんばかりに、しきりに私に向かって目くばせする。

「なんだ。この弁護士。差別をした運転手の味方なんかしやぁがって。お前は悪の味方か。図々しいにも程がある。」

彼は私の前に立ち、私同様、私の目の前に置かれた折りたたみ机を力一杯叩くその体勢を作り、拳を大上段に振り上げた。しかし、打ち下ろしたときには、目の前にあったはずのその机はない。バランスを崩した巨漢の副会長は大きな図体を、床に打ち付け、ぶざまな格好で、もんどり打って転んだ。

私は彼の拳が机に命中する直前に、折りたたみ机を、サッと脇に引いていた。そして言った。

「おやおや、失礼しました。」

この副会長は、床に転んだまま、バツの悪そうな顔をして暫らく痛みをこらえていたが、ややあって言った。

「波多野弁護士さん。貴方の機智には私も参った。引っかかった自分でもおかしくて笑ってしまう。」

「これに懲りて、以後、あくどいたかりは止めたまえ。君たちの仲間にもこんなことは止めさせるのが副会長さんの任務だよな。」

今、同和人口の多い地方では、上に述べたような誘導尋問に引っかかってとっちめられる哀れな人間は、五万といる。特に、初等・中等教育の現場では、教師たちや、教育委員会の連中は、各人の持っているエネルギーの半分以上を、こうした手合いとの面接・交渉に殺がれているという。

こんな手合いと普通に議論していたら、徹夜になることは必定である。

このタクシー運転手に限らない。人間誰しも、うっかりしていると、容易につけこまれる弱みをもっている。

それにつけこんで、巨額の金品を獲ようとするワル賢い似非同和の連中がうようよしている。特に関西地区、西日本に多い。

これに引っかかったら、悪くすれば自分の命どころか、家族の命さえ失う。

裁判所や法務局人権擁護課はこんなトラブルには、手の届かないほどの遠距離に建っている。

うっかり被害者たちが裁判所に近寄って利用しようとすると、「司法の正義」は、とんでもない冷水を被害者たちに浴びせ、結果的にはワルたちを増長させてしまう。だからいつまでたってもワルたちが暗躍する。

ワルたちの悪巧みに引っかかった人間の不運を、近距離に立つ当事者から見れば、それはペーソスを超えて悲劇である。うっかりして深夜に、仕掛けられたワナにはまったこの運転手は、「自殺以外にありません」と、震え、かつ泣いていた。運転手は嘆き、それに巻き込まれてゆく家族とタクシー会社。その悲劇、ペーソスを、私のように、少し離れ、空中に浮遊する客観的な第三者から観察すれば、その悲劇やペーソスは、たちまち滑稽なユーモアーに見えてくる。だから私はこの被害者たちの陰惨を、誰にでも分かるように、苦笑いするようなユーモアーに転換し、そのユーモアーを増幅することによって、面接・交渉の道を大きく開き、ユーモアーで紛争を解決した。

第六節で既に述べたが、精神分析学という臨床の大道を切り開いたフロイトの言葉に、「平等に漂う注意力」という、カウンセリングの心ともいうべき味わい深い言葉がある（四一頁）。

このケースに、フロイトのこの言葉を当ててはめてみよう。

弁護士が紛争当事者の一方の利益に接近しすぎ、一方の権利擁護にフォーカス付けし過ぎると、どっこい、たちまち処理を誤る。フロイトのこの言葉は、それを戒める味わい深い言葉である。

II　ＡＤＲ改革の方向

一　ニューヨークのＡＤＲ事情

一九九九年一一月、私は四人の同志とともに、レビン小林久子九大大学院助教授のご指導による約一〇日間のニューヨークにおけるＡＤＲ研修旅行に参加した。

その際、次のような特に二つの印象深い体験をした、

①　ニューヨーク市弁護士会を訪れた際、ご自分の名刺に、Dispute resoluter（紛争解決人）という肩書きを印刷している弁護士がいた。

彼は数多くの民事紛争事件を、市民に寄り添い、ＡＤＲの手段で解決していた。彼はまた、ニューヨーク市弁護士会のＡＤＲ委員会委員長だった。

わが国の弁護士たちも、この弁護士のように、クライアントたちが主体性を持って自らの紛争解決にかかわるよう「援助する人」として、支援してゆく人になるべき時代である。

この弁護士は、その名をDeitzといった。彼の作った「ＡＤＲの特質理論」こそは、ＡＤＲ信者である私にとっての懐刀に等しい理論であるから第三節（六八頁以下）において、私の扱ったある仲裁事件に即して、臨床的な立場から特に詳細に説明する。

②　ニューヨーク市マンハッタンに存在する巨大なAmerican Arbitration Association（AAA）を訪問し、事件

数、事件の特質、仲裁人の構成などについて、事務局長の説明を聞いた。

件数は、　一九九四年　五九、四二四件
一九九五年　六二、四二三件
一九九六年　七二、二〇〇件
一九九七年　七八、七六九件
一九九八年　九五、一四三件

だった。弁護士の仲裁人は殆んどなく、大多数がロースクールで訓練を受けた和解あっせん人（Mediator）だった。

扱った件数の八〇％がArbitration（仲裁）という看板の文字にもかかわらず、Mediation（和解あっせん）で終結していた。

訴訟の氾濫するアメリカのその中心地で、利用しにくい裁判所イメージを払拭しようとする、アメリカらしいフロンティア精神の、猛烈な胎動を感じた。

二弁をはじめ日本各地の仲裁センターが、年間の受理件数二百件が超えられなくて呻吟しているのに、ニューヨークでは、非法律家が主体で経営するこのＡＡＡが、このようにケタ違いの隆盛を誇っている。

わが国の現行ＡＤＲには、根本的な欠陥がある。それは優しさと、穏やかさの欠如による硬直化である。それはニューヨーク市弁護士会のＡＤＲでも同じように感じた。

二　ドイツのＡＤＲ改革

ドイツの民事訴訟法（Zivil Prozess Ordnung=ZPO）第一〇編の仲裁手続、Schiedrichterlicher Verfahrenは、脱裁

判手続きの一つのシンボルである。

明治の法学者がこれを「仲裁手続」と訳してしまったから、現代の人々は、これを、固苦しい「裁判所もの」という固定観念の中に閉じ込めがちである。

しかし私は「穏やかな民営裁判官手続き」と直訳できるこのZPOの中の異質な法制度は、同時に、脱裁判所手続きとして、限りなく民間の柔軟で穏やかな紛争解決手続であることを示す精神が含まれていると確信している。

わが国の仲裁センターを運営する場合においても、私はこのZPOの中の、「穏やかな」(schiedlich)という接頭語に、徹底的にこだわりつつ今日に至っている(波多野二三彦「仲裁センターの哲学、理念」判例タイムズ八六一号四一頁)。

ドイツでは統一直後の一九九〇年一二月一七日、ZPOを一部改正し、仲裁手続きの中で作られた「和解契約書」に、仲裁判断と同じ債務名義同様の効力を与えた。

それだけではない。対立当事者の代理人弁護士が仲裁手続以外の場所で、執行を認めて相手と和解契約すれば、その書面は、仲裁判断同様に執行力を持つこととした(ZPO一〇四四条のb)。これは法律上「弁護士和解」(Anwaltvergleich)と呼ばれている。弁護士の裁判外業務分野拡大をにらんだ素晴らしい改革である。

この改正法は、今から約一〇年前の、一九九三年四月一日から施行されている。

かつては仲裁人が仲裁手続の中でだけしかできなかったことが、今日のドイツでは、街の中を行き交う弁護士同士の間で、随時、随所で自由に交渉したうえ、債務名義となる契約書まで作り得るような改正仲裁法が制定施行された(拙稿、前記判タ論文)。

三　けんか腰の内容証明郵便

われわれ弁護士は、庶民の日常紛争を、庶民が主体的に解決できるよう、これから行なおうとする「援助」の趣旨を親切にクライアントに分からせつつ援助しなくてはならない。

親切で穏やかな紛争解決哲学によって、新しい民事司法の地平を拓かなくてはならない。

このような手法を念頭に置く面接・交渉論者に対しては、二一世紀を迎えた今日においても、進歩的であるとされているわが国の人権派の弁護士たちは、熾烈な敵意を投げかける。

「裁判所のお裁きが大前提」であるとする、党派性丸出しの紛争処理手続に慣れ親しんだ弁護士たちが一番最初に手をつける紛争拡大エトスは、彼らが日常的に多用する「内容証明郵便」の文言に如実に表われている。

その書面の書き方は、「訴訟という代理人戦争」を意図した大げさな最後通告文であり、脅迫的意図に溢れ、訴状同様に、極めて好戦的に抑々しく作成される。

日常的紛争を裁判沙汰にはなるべくしないで、内々に話し合いで片付けたいという多数庶民の心情には、明らかに反する。それは、話し合いで解決を図ろうという目的を優先する、ドイツ流の「手紙・電話作戦」にみられるような穏やかさや温かさは、この制度には薬にするほども、含まれてはいない。

その通告文の最後は、こちらの考える日時までに返答なき場合には、「法的手段に訴える」という脅迫的言辞で締めくくられる。これを「裁判制度下における弁護士の甘えの体質」という。

ここにいう「法的手段」とは、裁判・訴訟に他ならない（波多野二三彦「仲裁センターの哲学、理念」判例タイムズ八六一号三七頁）。

庶民の日常的な紛争は、いちいち裁判所に持ち出さなくても、穏やかで速やかで、より簡便な、例えば手紙や

FAXや電話を使って、相手方に呼びかける方法で、簡単に解決しましょう。われわれ弁護士はそのような方法で、あなたを援助します。

これがカウンセリングマインドのある新しい紛争解決哲学のABCである。

その哲学に従った新しいリーガルクリニック技法を備えた弁護士を養成しなくてはならない。今の時代、このような紛争解決交渉法のABCすら無視されたままの、昔ながらの好戦的「リーガルサービス」が氾濫し、司法改革の基本設計図においても、上に述べたような、優しい弁護士像やリーガルサービスは、待てど暮せどわれわれの目の前には現われては来ない。

上に述べたような、裁判所従属民としての弁護士門前市があり、一方当事者の意図に沿わない、紛争の相手方を、ゆざぶり、脅し、こちらの言うことに従わなければ、お前は地獄ともいうべき裁判所に引きづり出し、訴訟という桎梏で徹底的に苦しめてやる、という基本的「脅しのシステム」を生かしつつ行う、「司法改革推進論の元凶」が、今日の普通の法専門家集団である。

このような心掛けでは、今後の正義の総合システムは、決して国民主体の賑わいを呼び込むことはできない。絶対にできない。

国民主体の司法改革を意図する者は、全ての民事紛争を、相手方を脅しつつ裁判所という究極の土俵に無理やり追い込むという民事紛争解決エトスを、根本から打ち破る覚悟がなくてはならない。

四　二弁仲裁センターの設立

一九九〇年四月、第二東京弁護士会に、「仲裁センター」という名のADRが設立された。弁護士会が設立運営経営する Alternative Dispute Resolution（ADR）としては、わが国では初めての試みである。

一九七七年頃から、法政大学の霜島甲一、西島梅治両教授（現在はいずれも二弁会員）が主体になって創立した「現代法研究会」の、第一年度のテーマは、一九七八年日弁連に新設された弁護士業務対策委員会で、私が主体になって研究していた、ドイツの「権利保護保険」制度であったから、そのテーマに惹かれ、私はこの研究会に、岡山市からはるばる上京し参加していた。

私が上記の研究会に出てみると、その研究会のもっとも主要な位置にいたのは、右の日弁連弁護士業務対策委員会でいつも隣り合わせに座っていた二弁の米津進委員だった。米津弁護士は、権利保護保険ではなく、ＡＤＲの必要性を熱心に説く人であった。

大野正男、原後山治、萩原金美、橋元四郎平など、研究会の会員たち（司法研修所六期生）は、米津さんの説くＡＤＲに熱心に吸い寄せられ、研究会の名も何時とはなしに「米津学校」と呼ばれるようになった。

米津学校の名物生徒は、原後山治さんだった。彼はことあるごとに、「二弁に仲裁センターを創ろうではないか」と叫んだ。

私は、一九七三年の暮れに、森永砒素ミルク中毒事件を、訴訟ではなくＡＤＲによって、解決した経験に酔っていたせいもあり（波多野二三彦「ＡＤＲによる被害児の生涯救済——森永砒素ミルク事件の教訓」判例タイムズ一〇三一号（二〇〇〇年）二二頁）、米津学校がはねた後も、原後さんのお供をして喫茶店にまで出かけ、原後さんの語る「仲裁センター」構想について熱心に耳を傾けた。

一九八八年四月、私は時の日弁連弁護士業務対策委員会委員長であった大野正男さんから、その年の一二月、岡山で行なう予定の日弁連弁護士業務対策シンポジウムのテーマについて、個人的に意見を求められた。

私は日弁連の委員ではなかったが、ＡＤＲの一里塚としての「弁護士の裁判外業務の振興」を提案し、「少なくとも三年間連続して実施して欲しい」と提案した。

大野委員長は私の意見を一〇〇％容れ、そのテーマを三年間維持し、実行することを決意し、一九八八年の第一年度は岡山で、翌第二年度は福岡で、第三年度は名古屋でと、同一テーマのシンポジウムを執念深く三年間連続して実施した。

私は、大野委員長の、私に対する信頼に感動し、北に帰る季節風が吹き始めたことを渡り鳥の感覚でつかみ、同年一〇月、岡山弁護士会から飛び立って二弁に移籍し、ＡＤＲの先覚者・重鎮であった米津進先生の法律事務所に身を寄せた。

その翌年四月、二弁に「仲裁センター設立準備委員会」が作られ、その翌年の一九九〇年三月、時の田宮甫執行部の決断で、「仲裁センター」が創設され、その後各地の弁護士会に、仲裁センターが創設された。

二〇〇三年末までに創設された全国の、弁護士会主宰のＡＤＲセンターを、創設された順序に挙げれば、次のとおりである。

大阪、新潟、東京、広島、横浜、第一東京、埼玉、岡山、名古屋、西三河、岐阜、島根県石見、京都、兵庫、山梨、奈良、福岡天神、福岡北九州。以上一七単位会、一九のセンターが現存する。

二〇〇二年度のこれら全国センターの受理件数は、合計してようやく一〇〇〇件を少し超えたところであり（日弁連ＡＤＲセンター「仲裁統計年報」平成一四年度版）、各センターの特色等については、第一法規出版から、「仲裁解決事例」を順次刊行している第二東京弁護士会仲裁センター以外では、いまだ殆ど明らかにされてはいない。それはこれから育ってゆく若い弁護士にとっては、甚だ残念なことである。

五　二弁仲裁センターの特色

二〇〇〇年は、二弁仲裁センターの創設一〇周年記念の年に当った。その記念事業として種々のものが企画実行された。

記念事業実行委員としての私が、特に力を注いだのは、「二弁仲裁センターの特色」と題する記事の編集作業だった。

二弁仲裁センターの活動については、創設以来九年間に扱われた仲裁解決例の主なものはすべて、第一法規出版から刊行された「仲裁解決事件先例集」に載せられている。私はその先例集に載せられた数百の解決事件先例の中から、二弁仲裁センターがＡＤＲとして持つ独特の特色を分類し、一〇周年記念誌に登載した。

私がその当時、「二弁仲裁センターの特色」と銘打って搭載した「特色のタイトル」は、二〇項目に及ぶものであった。しかし先例集に載せられている事例の中で、これこそが真にＡＤＲらしいの手続き特色だとして、あまねく天下に公言できるものは、実は極めて少ない。

その少ない特色の中から、以下、特に無視できない幾つかの特色を列挙し、解説してみたい。

(1)　解決が速い

法律相談の僅か五日後に紛争解決というものもあり、一〇日後に解決、というものもあった。審理期間一回で終結解決というものが二〇件前後あった。

(2)　柔軟な解決、将来を志向

紛争解決を申立てたけれども、その請求権についての証拠関係が極めて薄弱であり、法的に見て請求する権利があるかどうか、限界線上の事件がかなりの数救済され、あるいは、問題業界の報酬体系に透明性がないので、権利があるのかないのかが不明なものが、仲裁人の力で相当数救済されている。

前者の事例としては、(a)　幼児が不注意で転んで怪我をした事件。(b)　上司にいじめられてノイローゼになり自殺したという事件。(c)　薬物を飲まされて下痢、嘔吐をするようになった事件。

後者の事例としては、(a)　探偵社へ着手金を払ったが、十分な調査をしてくれなかった事件、(b)　脱毛エステに金を払ったが、納得の行く仕事をしてくれなかった事件などがある。

もう一つの類型としては、請求権の存在は明確であるが、法的権利の存否を云々するよりも、むしろ、「不幸な事件」としてとらえ、少し長い眼で見てゆこうとする事件について、それらが穏便・適切に解決されている。例えば、(a)　ＯＬが階段で押されて転び、顔に怪我をしたが、加害者と被害者の二人が仲よくしているし、顔の傷にもかかわらず、被害者は無事結婚し、その結婚披露宴には加害者も招待されて出席し、すべてが事なく終わったという事件。

(b)　友達の飼い犬に噛まれて負傷したが、その被害者である子供が今でも、犬の飼い主の親友として仲良く遊んでいるような事件のように、少し長い眼で事件全体を観察し、過去の事件を「不幸なできごと」として捉え、この事故を機に、両者間に、今後新しくかつ好ましい関係性を作り上げようとする配慮を示しつつ紛争解決がなされている。

仲裁センターが扱ったこれらの紛争解決事例を仔細に検討して見ると、仲裁人たちは、不幸な過去の出来事を後ろ向きに観察し、因果関係、責任、損害賠償を正確に見定めようとするのではなく、加害者と被害者の将来の新しい関係を展望しつつ、ひとつ一つの紛争を発展的・友好的に解決している。

子供の養育費とか、将来の得べかりし逸失利益の計算などの問題も、それ自体に、そもそも不確定要素が多い。短期間の審理や観察だけでは正確・妥当な予測はできない。だから地裁や家裁でも、そのような問題を含む紛争の最終決着は、仲裁センターが行うのが好ましいと、村重慶一弁護士氏は忠告している。

(3)　情報の伝達が速やか

相手方は、申立人に数千万円もする借地権を買い取るだけの資金のあるはずがないと不安がり、前向きに手続きを進めることに躊躇している。仲裁人はすぐさま、申立人の銀行口座の残高証明をＦＡＸで送って相手方を安堵させた。

店舗改修にともなう営業補償の事件では、月々の平均収入が補償の根拠になる。仲裁人は早速、申立人の三年間の源泉徴収票を仲裁人のもとにＦＡＸで送らせ、仲裁人が申立人の平均月収を計算して相手方に送り、相手方を信用させる。

そのような簡易迅速な情報伝達手段が、頻繁に活用されている。

このように、審理手続きの中で、当事者の抱える不安をいちはやく拭い取りながら手続きを進めるところにも、仲裁センターならではの簡易迅速性と思いやりが同居している。

人付き合いが悪く、日頃顔を合わせても挨拶したこともない変人の相手方が、夜な夜なマンション自室で砲丸投げのような鉄球を間断なくコンクリートフロアーに投げつけ、騒音を発生させる。そのためマンション全体の住民が、不眠症から、重いものは胃潰瘍や喘息の悪化にもおよび、マンション住民全体に危機が差し迫っていた。

そうした騒音の差止請求事件の検証当日、疑われていた当の相手方が、申立人全員をマンションの自室に自由に入らせ、室内をくまなく観察させ、その部屋に、砲丸もなければ、露出したコンクリートフロアー部分もないことが関係者一同に開示された。騒音を発生させるためのそのような装置が、相手方の部屋のどこにも存在しないという、極めて重要な消極情報が申立人全員に一気に開示されたという事件もあった。

上記⑶に挙げたすべての事例は、いずれも私が担当した仲裁事件である。

この項の最後に掲げたマンション騒音差止請求事件については、六八頁以下で、さらに詳細に解説する。

⑷　紛争の一時預かり

弁護士は判決が確定すると、その時点で依頼者に対する法的サービスを打ち切る悪癖があり、その後アフターケアーなどはしない。二〇〇三年一一月、最高裁に浜田邦夫裁判官を訪ねて懇談した際、同裁判官は、弁護士のこのような習癖に大きな不満を抱いていた。紛争が一応解決された後も、当分の期間、仲裁センターや仲裁人がその後の成り行きについて、なお暖かい配慮の眼を向け、アフターケアーに努め、当事者に寄り添うということが、二弁仲裁センターではかなり行われている。私は二弁仲裁人の中には、審理終結後も、浜田裁判官の念願するような暖かい気持ちで、アフターケアーする慣例を作りつつある仲裁人のいることを、浜田さんによくよく知ってほしいと思った。

例えば、マンション工事の欠陥にもとづく事件では、紛争解決後当事者の協議が必要な関連事件が発生し、これについての協議が再び整わなくなったときは、二弁仲裁センターがその紛争協議を預かり、さらにアフターケアーの趣旨で紛争終結後の面倒を引き続き見てゆこうという仲裁人の決意が示されている。

家事事件においても、次の事例のように、調停にはない親切な特約が付された和解契約書がある。夫の不倫に端を発した夫婦関係調整事件の和解条項は、双方当事者によって誠実に守られる必要がある。そうした履行確保についての工夫が、親切に書き添えられている。それは次のようなものである。

相手方は、不倫、深酒、暴力から、成長過程にある幼い子供たちにまで、はかり知れない恐怖心を与えたことを自覚してほしい。

かたや申立人は、猜疑心から、相手方のカバンや財布、身体までチェックし、会社にまで電話するなどした。そのような過剰な身辺監視が、夫婦間のきずなを損ない、危害を与える恐れの多い、こころない行為であることに深く思いをいたし、今後はそのような行き過ぎた行為を差し控えることを約束した。この和解は、二弁仲裁センター仲裁人山田忠男によるあっせんによって成立したものであることを、当事者は相互に確認し、この和解条項を誠実に遵守することを約束する。

仲裁人個人の名前まで入れ、当分紛争を預かるという趣旨の和解条項は、裁判上の和解やあるいは調停制度からみると、一見わざとらしく見える。しかし仲裁センターというＡＤＲが、元来「仲裁人個人を信頼する」という基本原理とともに、もう一つ、近未来のアフターケアに心を用いるという理念の上に成り立っている機関であることを思えば、そのような「思いやり条項」は、適切な措置として評価できるものである。

山田忠男弁護士は、また、先例集の中に、次のように書いている。

このように紛争の「一時預かり」をした後、当事者からその後の夫婦円満のありさまについて、エピソードを添えた連絡を受けることは、「夫婦関係維持のための援助」をした仲裁人にとって、実に楽しいひと時であり、一定の家事仲裁事件では、こうした無償の援助が、なお一定期間必要であるなあと思いつつ、この仕事に取り組んでいる、と。

仲裁センターにかかわる仲裁人たちもまた、これを利用する紛争当事者同様に、大きく育てられていることを、この山田弁護士の一言によって、しみじみと感じさせられる。

私が仲裁人として担当したマンション騒音差止請求事件（六八頁以下）では、数年間、夜な夜な砲丸をフロアーに打ち付けるような騒音を発生させたその犯人と目され続け、つま弾きにされていた相手方は、その騒音発生の原因が、水道管工事ミスによる騒音であったことが仲裁審理で解明され、それで事件が落着したことに、一応安堵の胸をなでおろした。しかし長年、多数の同一マンション住民から、理由もなく濡れ衣を着せられて白眼視され続けた彼は、なお憤懣やる方がなかった。

相手方は言った。和解契約書案の内容にはなるほど自分にかけられた長年の疑いは晴らされたことが明記されてはいる。しかしそれでも被害者の心情として、調印までしてこの紛争に一気に終止符を打つ決心はつかないという。

本山信二郎仲裁人補助者はそこで一案を提案した。これまで長く孤立状態であった相手方は、本件の仲裁審理において、波多野仲裁人から、終始後見的に寄り添われ、援助を受け、深く仲裁人を信頼している。今後再びこの事件に関連して別の紛争が発生した場合には、信頼する波多野仲裁人が、これに関連して今後起こるかもしれない紛争を、すべて責任を持って預かるという条項を一筆書き加えたい。相手方はそれで納得できないかと打診した。相手方は異議なく本山試案に同意し、紛争は、最終決着をみた。

たったこれだけの手間をかけたことによって、長年不当に抑圧されていた両当事者は結論に心から納得し、仲裁人の「押し付けによる和解の強行」という不愉快な印象から逃れうる。

(5)　仲裁人の指名

仲裁センターやＡＤＲでは、市民は、仲裁人の名簿とかその他、世間の評判に基づいて、自分の好む、特定の仲裁人を指名し、その特定の仲裁人に審理の依頼をすることが可能である。裁判所の行なう調停事件では、そのようなことは、およそ不可能である。

①　私が二弁仲裁センター創立当初の一九九〇年に仲裁人として審理解決した、土地賃貸借の譲渡契約不履行にもとづく損害賠償請求事件は、申立人から指名されて仲裁人になり、相手方代理人もそれに応諾したものだった。

②　二〇〇二年に行なった医療事故にもとづく損害賠償請求事件も同様、申立人に指名され、相手方代理人がそれを応諾したものであった。

なお、この事件の申立人や相手方は、都民ではなく、近県の人々だった。

③　二〇〇三年には、歯科医院院長による、歯科医療事故事件で、同様に、被害者申立人の指名と、相手方の応諾によって私は仲裁人を勤めた。この事件の申立人もまた、都民ではなく、遠くの県の人であった。

六　最近のＡＤＲ改革

二〇〇三年八月一日、新しい単独立法としての「仲裁法」が公布された。

旧い仲裁公催法は当然廃止となる。「草の根運動」としての仲裁センターに慣れ親しんだ私どもは、この新規立法にあまり期待していなかった。

新法によると、「仲裁廷」で和解が成立したときは、その和解合意を内容とする決定をし、その決定に基づいて仲裁判断書を作成できることになった（同法第三八条）。また、仲裁判断で手続きが終了したときは、仲裁手続の請求には、時効中断効が認められた（第二九条）。

今回の新規立法は、先に述べたドイツＺＰＯの仲裁手続に関する小さな改革（四九頁）に比べ、甚だしく優柔不断な改革で、新規性に欠け、決して高く評価できるものではない。

現在立法審議中のＡＤＲ基本法では、特に弁護士以外の一般民間人をＡＤＲの主宰者として認めるべきか否かが議論の焦点となっている。

弁護士たちは、法律家ではない人々の主宰するＡＤＲ創設に激しく反対して来た。しかしこれら逆立《さかだ》ち弁護士たちの懸命な画策にもかかわらず、弁護士法第七二条固執論は、今や少数説に転落している。現に、弁護士でない一般市民が主宰する「紛争解決機関」である「日本メディエーションセンター」（ＪＭＣ）も、二〇〇三年一二月一二日、紛争解決のための特定非営利活動法人（ＮＰＯ）団体として、政府から認証を得た。

その偉業を成し遂げた元消費生活研究員であった田中圭子さんを代表者とする一群の一般市民は、この数年間、特に、「人の話を傾聴する技法」、すなわちカウンセリング技法の習得に傾倒するとともに、二弁や岡山の仲裁センターで理論と臨床を学び、弁護士会の主宰するＡＤＲの中から理念とともに大きな矛盾を、その慧眼をもって学びとった。

田中圭子さんは、二弁仲裁センターの仲裁人たちが、法のよろいかぶとに、厚く覆われているそのたたずまいに少なからず絶望した。

田中さんご自身の思い描くミディエーションの審理方式は、レビン小林久子九州大学大学院助教授の指導による岡山仲裁センターの、カウンセリングマインドのある傾聴技法であった。彼女は、レビン流の岡山仲裁センターの傾聴方式に強く影響され、今回のこのような革新的成果を収めたものである。

二弁仲裁センターと岡山仲裁センターは、その存在の全体的雰囲気から、このようにして新しい一人の、ADRの実践的改革者を生み落とした。

しかしながら、今日の司法改革の環境風土全体を仔細に観察すると、田中さんたち一群のNPO法人加盟の善意の人々の志が、それほど容易に全国に展開してゆけるとはとても思われない。

私は、この数年、田中さんのこのような志と活動を、常に彼女に近寄りつつ観察し、その調査・研究・実践を高く評価し、その成功を祈ってきた。

消費生活者紛争に、無償で、しかもリーガルカウンセリングのプロとして、近づこうとするNPOの今後の活動には、多くの困難があろう。後僅かしか残されてはいない私の余生を賭け、物心両面で、できる限りの応援したいと思う。

七　同席仲裁

すべての紛争を、紛争当事者の主体性を尊重することによって、できるだけ主体的に解決するという新思想がある。これが二一世紀の紛争解決哲学である。この哲学は、紛争当事者別席で面接・審理するという、現在の家庭、簡易裁判所の別席審理方式では、容易に実現できない。

そのことは、恐らく現に別席審理方式を採用している家庭裁判所や簡易裁判所では、自分たちの日々行っている「羊頭狗肉」の日常業務が、ある程度自覚され、反省しようとする機運も、一部には出てきつつある。

かつて大阪家裁岸和田支部の判事だった井垣康弘判事が、ご自分の部に配点された家事調停事件を、約一年間、当事者同席でその成果を吟味した。すると、それまで成立率が四三％前後であったものが、一挙に七〇％近くに上昇し、新しい成果が生まれた（井垣康弘「家事調停の改革」判例タイムズ八九二号〔一九九六年〕八頁）。

ところが特に家事調停では、①同席でやると暴力の心配がある、②当事者を対面させると自由な雰囲気が損なわれ、弱いものが自由にものをいえなくなるなどと、その実行に危惧の念を抱く裁判所関係者が、いまもってなお多数である。

しかし調停は、あくまで「当事者の合意」にもとづいて成立を論じるものである。片方ずつの当事者を交互に審理室に出し入れして暴言や暴行が起こらないよう監視し、調停者が情報を常に独占しつつ審理手続きを進行させるというこの古典的審理手法は、如何様に割り引いて考えて見ても、それは正義衡平に反する。

少なくとも「公平らしさ」が著しく損なわれることは間違いない。

その目的は、審理室における紛争当事者の情緒的態度によって発生するかもしれない危険・危害を未然に防ぐことに置かれている。こうした目的重視は、一応の理由が無くもないのではあるが、本末転倒の理論であることは、どのように考えて見ても、否定しがたく、これが調停主宰者の行うべきプライマリーな調停技法の研修向上の機会を、根本から大きく阻害し、ひいては「当事者の合意を基調にして調停する」という調停制度最大の理念を密かに回避し、その点で国民を長年月にわたって愚弄し続けて来た。これでは本末転倒だ。

全国の弁護士たちもまた、同席のあっせん仲裁を毛嫌いし、反対を唱え続けている。なぜかというと、彼ら弁護士が、紛争当事者を、自分の目の前で自由闊達に討議させるだけのリーガルカウンセリングの面接・審理臨床に慣れ親しんだこともなく、その技法に熟達していないからである。

裁判所は、過去半世紀にわたって、「当事者の合意に基づく和解・調停」というスローガンを掲げつつ、実際には国民を裏切り続け、前もって、ひそかに手許に用意している条理や法によって、調停者が好ましいと考える調停案を作り、それを当事者に対しやんわりと、しかし心の底では厳然とした態度で「互譲の精神」を求めつつ押し付けた。

民事調停法の精神を標榜するその第一条にも、上に述べたような、古めかしいクラシックな「暖簾《のれん》」が掲げられている。

「足して二で割る互譲の調停」というキャッチフレーズが昔から行われているが、このような調停制度におけるマンネリズムは、二一世紀におけるADRからは次第に追放してゆかねばならない。

同席調停は、今日のわが国における個別・別席調停制度に対するアンチテーゼとしてつい最近、二〇世紀末になって叫ばれるようになったとされている。文献でみると、一九七六年当時、東京家裁調査官であった（西九州大学名誉教授）石山勝巳氏の書かれた文献に、「家事事件の調査・診断のための合同面接」（ケース研究一三五号）など、三点のご論考がある。

石山名誉教授がそのご論考で述べている次のことは、傾聴に値する。

　家庭裁判所は、国民に対して、「当事者の話し合いによる紛争解決を絶えず約束している。しかし現実の調停は、当事者個々別々に事情を聴取することに終始している。当事者間で直接話し合う機会は殆どない。このような実情は、「当事者間の合理的な話し合い」による紛争解決の過程という定義には程遠いものがある。このように、家裁の言うこととすることは、全く異なっている。

このような当事者個別・別席調停から同席調停に向けての改革は、ミクロな手続き面だけの改革のように見えるが、実質は、石山名誉教授が上記に述べているように、二一世紀の調停理念であり、当事者の合意による調停制度を、文字どおり実現するための、基本的技法である。

岡山仲裁センター手続規則第一三条には、仲裁期日においては、「当事者同席を原則とする」という規定がおかれている。また、岡山仲裁センター会規には、憲法同様に「前文」が置かれており、そこには、「当事者の自立的な紛争解決能力を最大限に尊重する」と、あり、調停者が予め妥当な調停・和解ラインを設けつつ当事者の互譲を求めて手続きを進行させる、今日の当事者別席調停に大きな批判の一矢を放っている。

平成一二年一〇月、岡山仲裁センターで、「ADRの可能性」というシンポジウムが行われた。そのシンポジウムの冒頭では、当事者別席と、当事者同席の調停風景が、三景のコントに組み立てられ、プロの劇団によって当事者別席の調停制度の持つ不公正さを皮肉たっぷりに、しかも真実味溢れるユーモアーを託して上演された。

離婚事件の当事者双方を、別席で審理するのと、同席で審理するのでは、一八〇度結論が違ってくる。

別席でやれば、当事者の真意がどうしても相手方に正確には伝わらないので、生きている事件を、あっという間に殺してしまう。その臨床理論を、誰にでも分かるようにコミカルに演じて見せた（「ADRの可能性――岡山仲裁センターの挑戦」判例タイムズ一〇四九号〔二〇〇一年〕七頁）。

八　医療事故の仲裁

医師Bは、Aさんの手術後に、ガーゼ一枚を取り出すのを忘れたままで縫合した。そのガーゼが原因で患者は約一年後に腸管癒着から重い腸閉塞になった。腸閉塞になった患者の癒着部分は五箇所もあり、腸管の狭いところでは五mmほどしかない。

Aさんは、このために約六年間に五回も入院した。極度の癒着体質と見られていたから手術も出来ず、医師は患者の腸閉塞を根治させる手はなく、ただ漢方薬を用いて食餌を流動性にし、癒着部分の細い穴を通過させるという対症療法専一に心がけた。そして医師は患者Aさんに言った。

「貴方の腸閉塞は、手術出来ないのだから、根治は不可能だ。これからの一生、入退院を繰り返す以外にないのです。」

Aさんは、主治医のこの言葉に打ちのめされた。

そしてこれが精神的外傷《トラウマ》となり、その精神的外傷は強迫観念に導かれ、今日でも自分は一生この病に苦しまなくてはならないと思い続けている。

そのうち主治医は決断し、開腹手術を試みた。開腹して見たら腸管癒着部の中心に、ピンポン玉ほどのガーゼがダンゴになって発見され、腸閉塞はそのために発症したことが解明された。癒着部は剥離され、これによってAさんは健康な体を取り戻し、B医師を相手方として医療過誤にもとづく仲裁あっせんの申立てをした。

第一回期日に、相手方代理人は言った。

「Aさんがこの件でどんなに苦しんだかは調べなくてもよくわかる。直ちに（赤本の基準によって）慰謝料の計算をどうするかという法的な問題に専念しましょう」と。

私は代理人を制していった。

「どんな事件であっても、私どもが先ず知りたいのは、Aさんの身体的な苦痛だけでなく、Aさんが長期療養中に受けた精神的苦痛です。特に後者に注目し、その苦しみの全貌をあなた自身がよりよく分かるために、「当事者同席」で審理しましょう」と。

当事者同席は、それが当事者の合意を作り上げてゆくための基本の方法なのである。しかしわが国の半世紀にわたる、一般の裁判所調停事件に慣れ親しんできた弁護士たちには、当事者同席のやり方は、極めて奇異に感じられるというのも、無理からぬことであろう。

この事件で問題なのは「決して軽快・快癒する当てのない通院時の慰謝料計算」である。通常の傷病にあっては、通院する人はだんだんと病状が良くなってゆくから、慰謝料も入院時のそれに比べれば安いし、日時を追うにつれて慰謝料も安くて済むようになる。しかしＡさんのように入院時でも通院でもほぼ同じ激痛の連続と、それに伴う不安、絶望から強迫観念が生じ、そうした精神的外傷《トラウマ》が、ついにＰＴＳＤに発展していた。まるで後遺症として残ったかのような腸閉塞として把握すべきこの状態を相手方に知らせることから始まる。

仲裁人の私の説明によって、事の特異・困難さに心底参ってしまったＢ医師の代理人弁護士は、つい声を上げて笑った。

これを見たＡさんの夫は、「妻をこれだけ長期の苦しみに遭わせておきながら、弁護士よ。よくもお前さん笑ったな。」と、色をなして激怒した。

当事者を同席させて行うあっせんでは、このような思いがけないトラブルは日常的に発生すると考えておくべきである。

「今弁護士の先生が笑われたのは、決して軽率なことではない。人間、本当に困って悲しくなったときには笑うことさえしばしばある。仲裁人の私だって泣きたいのを超えて笑いたいくらいだ。」と、相手方代理人をかばった。

Ａさんの夫は、私の説明に納得してくれた。

仲裁人補助者は、Ａさんの総損害を、交通事故の「赤本」によって一応、四八〇万円と計算した。しかし私は、本件ではこの金額は決して参考とはならないと双方に伝えた。なぜなら、この事件のような後遺症的な腸閉塞に適合する判例は全くなく、通院慰謝料に関しては、極めて困難な問題を含むからである。

Ｂ代理人は、自らはじき出した六五〇万円という慰謝料額案を、医療過誤を事前に審査し決済する権限を持つ日本医師会に上げ、その認可決済を受けた。

その上、仲裁あっせん費用の全額を、相手方である医師の自腹で負担するといい、即日現金でＢ医師から、最終期日に仲裁センターに納付した。

多くの法専門家は、このような事案については、判例や先例に準じて一応の基準を当事者に示し、その次には、当事者提案の金額を足して二で割る方式によって結論を出そうとする。

この医療事故の審理は、常に当事者同席で行った。だから妻の長期の後遺症的腸閉塞にもとづいて発生したPTSDという慢性的な精神的疾病に、被害者の夫でさえ、日夜いうにいえない精神的苦痛を味わされてきたことが克明に語られ、それが相手方代理人にも十分に了解された。

この事件は、精神的な苦痛に対する通院慰謝料というものを、今まで判例では捉えることのできなかった視点から、あらためて捉えなおすことに成功した類稀な先例である。

最終期日、B医師本人は、和解契約書を前にしてAさんご夫婦に向かって頭を垂れ、丁重に謝罪した。Bさんの声は緊張のあまり、震えていた。

本件では、紛争当事者で繰り返されたすさまじい議論にもとづく創造性に満ちた合意によって、仲裁人の思いをはるかに超える高額の慰謝料が決められた。しかもその慰謝料が、医師の謝罪とともに支払われた。穏やかにして感動的な終結であった。

Ⅲ　ADRの特質の臨床的検討

一九九九年一一月、私は四人の同好の士とともに、レビン小林久子助教授のご指導による、ニューヨークのミーディエーション、ADR研修旅行に一〇日間参加した。

その際われわれは、ニューヨーク市弁護士会ＡＤＲ委員会で、委員長のDeitz弁護士が、同行の大澤恒夫弁護士に、同市弁護士会でまとめたＡＤＲ関係論文集をお土産にといって下さった。相当大部なものであった。

帰国後、私は大澤弁護士からその論文集のコピーを頂いた。その巻頭論文としてDeitz委員長の書かれた、「ＡＤＲ手続きの特質」と題するご論考は、これからのわが国におけるＡＤＲでの、和解あっせん手続きを進める上で、かなり参考になると思われた。

そこで以下には、Deitz論文のうち、同委員長が「ＡＤＲ手続きの特質はこれこれだ」として列挙している一六か条の特質の、その項目だけを訳出し、その各項目に、私が二〇〇〇年に、第二東京弁護士会仲裁センターで仲裁人として扱った、

マンションの騒音差止請求事件審理手続

にあてはめ、ご紹介かたがた読者の皆様にＡＤＲ臨床の、手続き理念についてお伝えしたいと思う。

以下、ゴチックの部分がDeitz委員長のいう、ＡＤＲ手続きの特質項目の拙訳を表す部分である。

(1)　情報交換しようとする当事者の気持ちを促進する。

この和解あっせん事件の第一回期日に、相手方は、録音装置を使って夜な夜な発生するマンションの騒音を、相当長期間にわたって録取したそのテープを検証してほしいといって提出した。

この相手方はといえば誰であろう。このような騒音を出す当の張本人と目され、その騒音の差し止めを求められている、一人のマンション住人である。

まさにマンション住民の全員からこの数年間、悪い奴だとして睨まれているその渦中の人物が、まるで、「自分の方こそ騒音の被害者だよ」と、いわんばかりに、生々しい騒音の情報提供をしようというのである。

出席していた多くの申立人たちは、思いがけないこの出来事に、あっけにとられ、苦々しい態度でこれに対応した。

仲裁人の私は、早速、この相手方の情報提供の積極性を高く評価し、相手方のその気持ちをさらに促進し、次回第二回審理は、現地の問題マンションで行い、その日は、騒音発生源として疑われている相手方の部屋に、申立人ら全員が入らせてもらい、部屋の隅々まで徹底的に検証してみることにしてもいいかと相手方に相談を持ちかけた。

相手方は、もちろん異存はないとして検証することに同意した。

⑵　新しく得た情報について、その詳細を検討する。

第二回期日には、申立人たちは、相手方の部屋に入り、どこかに騒音発生の道具としての「鉄の砲丸」がないか、その砲丸を投げつける場所としての、コンクリートのフロアーがむき出しになっていないかどうかを丹念に調べた。しかし、そのような鉄の玉もなければ、フロアーがむき出しになっている箇所も、全く発見できず、新たな意見も出なかった。

⑶　再びお互いの意見を出し合う。

今まで長年、どこで出会っても、ただ睨みつけるだけの、気味の悪いその相手方が、「どうぞどうぞ」と、全員を自室に案内して、部屋中を申立人一同に開示した。申立人たちは狐につままれたような面持ちであり、唖然としてお互いに顔を見合わせ、ことばもなく、ただ沈黙するのみだった。

(4)　当事者の利益の理解を援助する。

あれほど長期間にわたってつま弾きにされていた相手方が、審理の進行につれて、次々新しい情報を提供した。そうした情報提供はすべて相手方の無実の証拠となり、相手方の利益として働いた。

相手方は限りなく「白」に近づいて来た。それに気を良くした相手方は、仲裁人である私の自宅にまでやって来た。そして、「一晩自分の部屋に来て、私のベッドの上で夜を明かし、寝ずの番をしてみないか」という。

私は、「一夜といわず、二夜でも必要ならば寝ずの番をしよう」と言い、前後二晩にわたり徹夜で、相手方のベッドの上に座り続け、夜通し響き渡る騒音に耳を傾けた。疑われているはずの相手方の部屋でも、大小さまざまな騒音ははっきりと聞き取れた。その騒音はのべつまくなしに発生している。その騒音のために、マンションの多くの人々が、ありとあらゆる慢性の病気にかかって苦しんでいることも事実だ。

こうなると、申立人、相手方の区別なく、その健康被害をなくするため、騒音の発生源を突き止めなくてはならない。

現地で行った第三回期日では、そのことが当事者の利益であることを、全ての当事者に理解させた。

(5)　当事者相互の利益の理解を援助する。

私はその頃上記大澤恒夫弁護士から、当事者双方が生活しているマンションで常時発生している大小の騒音の発生源は、水道コックの開け閉めの際に、ビル全体に張り巡らされた水道管が振動することによるもので、「ウォーターハンマー」と呼ばれる現象ではないかという知見を得た。

騒音の発生原因がウォーターハンマーだとすれば、その検証をしてみれば、たちどころにすべてが明らかになる筈だ。

私は本山仲裁人補助者を四階にある相手方の部屋のベッドの上に横たわってもらい、私は私で、C申立人の住む二階の一部屋に入り、その部屋の水道コックを急激に開け閉めした。

するとその都度、四階の相手方のベッドに横たわっていた本山信二郎仲裁人補助者は、ドカーンという騒音とともに、体全体を下から突き上げるような強いショックを感じたといった。

これで当事者相互がお互いに時に加害者となり、時に被害者となっている事実が、当事者全員に理解されてきた。

(6) 当事者に、各自の関心が理解されたことを知らせる。

これによって、騒音の発生が、マンション全体の水道の蛇口のコックと、これに連なる水道管の設備欠陥によって発生していることが判明した。

住民の故意によらない騒音発生が、気の毒にも数年にわたり、マンション住民のうちの一人に対するいわれのない敵視を発生させ、そしてまたその騒音と敵視のいらいらが、広範な健康被害をも発生させていたことを、当事者たちに知らせ、相手方だけを責めていたのは間違いだということを明らかに宣言した。

(7) 人々を難題と不安から解き放ち、安堵させる。

ウォーターハンマーによる騒音の発生は、すべての住宅の水道コックが取り替えられれば、僅か四〇万円以内の費用で、騒音発生が、完全に止められることが、水道設備専門業者の証言で明らかにされた。

しかも、双方当事者たちが一円も支払わなくても、マンション管理組合が全部の費用を負担することになっていることを告げ、全員を安堵させた。

古い水道の蛇口がすべて取り外され、新しい蛇口が新規に全戸に取り付けられた。

これによって夜な夜な響く不快な騒音はピタリと止んだ。

⑻　激情的表現レベルを価値あるレベルへ変換する。

この数年間、水道工事ミスから発生した不快な騒音の発生で、その犯人と目され続けていた相手方は、申立人たちに対して、長年濡れ衣を着せられ続けたことを謝罪せよと、迫った。

そのような相手方の感情の激昂はもっともなこと。そうはいっても、相手方の被害感情を、いますぐに修復することは到底できないだろう。

そのような相手方の憤怒の激情は、貴方の信頼する仲裁人波多野二三彦が「預かり持ち帰ることにする」、という和解条項をひとこと加えることで、総員の同意を得た。

Deitz 委員長の挙げられている〔ＡＤＲ特性〕なるものはこれだけではない。そのご論考の中で特性として列挙されたところのものは、全部で一六項目ある。

ダイツ委員長が列挙されているＡＤＲ特性の項目は、ＡＤＲ手続きに関与する仲裁人候補者の人々にとって役に立つだけではない。

今後わが国で種々のＡＤＲを創設しようと志す人々にとっても、大いに参考になるものだと思われる。

以下に、Deitze 委員長が、ＡＤＲ手続き特性として挙げられているその項目だけを列挙しておくことにする。

⑼　和解あっせん人と本人たちの間の考え方や関心（利益）の違いを解決し処理する。
⑽　客観的基準とは何かを明らかにする。
⑾　和解あっせん人をして、現実的な次善策としての和解条件を策定するよう援助する。
⑿　柔軟性を促進する。
⒀　問題点を、過去から将来へと移行する。
⒁　手続きに参加したことによって、結果というものに、確かなものを与える。
⒂　当事者に創造的解決についての提案を促進する。
⒃　お互いに話し合う気持ちにさせ、全ての当事者の利益に合致する、次善の解決策を策定する。

ダイツ弁護士がここに掲げている一六の特質の中には、例えば、右に掲げた⑿、⒀、⒂、⒃のように、近い将来、適当なＡＤＲマニュアルに登載しておきたいような重要な原理原則が惜しげもなく示されている。近い将来、本書改定に際しては、このような特質を具体的事例に当てはめて、それらが如何に生き生きした思想に覆われているかを、明確に示したいと思う。

第三章　少年事件の臨床

Ⅰ　序　説

一　カウンセリング名人との出会い

わが国で「ケースワーク」や「カウンセリング」という臨床的用語が、具体的な行動体験として人々に認知されるようになったのは、一九四九年に、家庭裁判所制度が創設され、ここに、家庭裁判所調査官という、極めてユニークな臨床法学の専門家が置かれた以後のことであるとされよう。家庭裁判所制度は、ケースワークやカウンセリングという臨床場面でも、その方面では、わが国における魁《さきがけ》の地点に立っていた。

単にそれだけではない。非行少年処遇制度の比較法学的観点から見ても、わが国の家裁調査官制度や試験観察制度が臨床法学の世界に残した実績は、まさに全世界の模範となるものである（波多野二三彦『諸外国における非行少年処遇の実情』〔一九七七年〕自費出版）。

私が司法研修所を出て最高裁家庭局に入局したのは、家裁制度創設の六年後の一九五五年であった。

最高裁事務総局家庭局では、「ケースワーク」という、不慣れな言葉にとまどいつつも、その基本的な臨床技法を模索しつつ、全国の家庭裁判所調査官たちに対し、家事・少年事件の取り扱いについて、日常の業務指導を行っていた。

その当時、わが国には未だ「カウンセリング臨床」は、学問としても、そしてまた生業としても世に存在していなかった草創の時代であった。

第一線の家庭裁判所調査官は、対象少年たちのカウンセリングの業務には直接的には関係が薄く、リーガルケースワークの専門家として活躍していた。

私個人は、家庭局入局の年からカウンセリングに関心を寄せる人々とともに、「生長の家全国本部」におられた徳久克己医学博士という、カウンセリング臨床家が開いていた、カウンセリング学習研究会に熱心に出かけ、その都度、徳久博士の行う、男女問題や夫婦関係調整事件のケースワーク的解決技法やカウンセリング臨床の魔術的魅力に終始圧倒された。

私がその時以来今日までの約半世紀に及ぶ人生において、青少年カウンセリング臨床から、離れようとしても、どうしても離れることができなかったのは、若い時代に出会った、徳久克己博士の、カウンセリングにかける情熱と、そして博士の、魔術的面接技術との出会いがあったればこそである。

二　付添人弁護士

家庭裁判所に送致されて来る、要保護性のある少年の付添人にとって、最も付添人らしい活動とは何であろうか。

家庭裁判所は、人間愛という精神の上に創設された裁判所である。それはそのとおりであるが、付添人という補助者が少年の脇に付き添い、杖ともなり力となって始めてその人間愛が実現するように作られている。

非行少年は可塑性に豊み、その多くは、手を加えれば改善可能である。

付添人の究極の使命は、少年の性格や環境状態を的確に把握し、愛情を込めてその一語一語を傾聴し、彼の愛情・美点・長所といった潜在能力を引き出し、彼の劇的な変容・変革を実現することである。そのような使命と職務を十全に完遂するために、ケースワークやカウンセリングという技法がある。

過去半世紀にわたり家庭裁判所は、そのような愛情と使命感のある弁護士付添人の出現を、どんな熱い思いで期待し、待ち続けて来たであろう。

しかしケースワークやカウンセリングについての素養や臨床経験に乏しい大多数の弁護士たちは、家庭裁判所制度になくてはならない、上記のような愛の実践としてのケースワークやカウンセリングを、徹底的に無視したまま生きて来た。あまつさえ少年保護事件の本質を大きく見誤り、付添人の業務を、あたかも刑事裁判所における刑事事件同様、司法的機能の補完的活動に汗を流すだけの場としてとらえた。

取り返しのつかない五〇年が、無為に過ぎ去った。

わが国の弁護士は、この半世紀の間、どのような機会に誰が思いついたか、「子どもの人権」というキャッチフレーズを掲げ、付添人業務とは全く関係のない、かわゆい小さな子どもの人権を護ってあげますよと、日夜大声で叫んだ。

彼ら弁護士たちのくちびるには、「少年の健全育成」というステレオタイプなお題目は、カムフラージュのためであろうか、「子どもの人権」に関連して、乾く暇もないほどに上っている。

たしかに近時、成人や少年による幼児虐待事件が頻発しており、子どもの人権がある面では危殆に瀕していることは否めない。しかし、最大多数の最大幸福という観点から見ても、「少年の人権を侵害する事件」は、家裁が受理する全少年事件に比べれば数としては問題にならない。弁護士が最も力を注がなくてはならない分野は、少年事件付添人としての臨床に熟達することである。

熟達するためには、ケースワークや面接カウンセリング技法とはなにかを、臨床的に習得することである。習得するためには、それ相応の決意と努力だけではなく、相当の研修時間が必要である。

現代の弁護士たちは、過去半世紀の怠慢を猛省し、少年事件付添人業務について、ケースワークやカウンセリングの研修と臨床的実習を謙虚に、かつまた基礎理論の第一歩から、虚心坦懐に始めなくてはならない。

現代の弁護士がこの半世紀、ここまで徹底して少年付添人という大切な本来の業務に終始無関心の態度を貫き通したその遠因は、恐らくは、最高裁判所所属の司法研修所カリキュラム作成担当者に人を得なかったことにあるであろう。それとともに、その後の全国津々浦々に展開する老若男女弁護士たちが、少年保護事件臨床教育から、徹底して逃避したことにもまた遠因の一端があると思われる。

人間愛にもとづいたケースワークやカウンセリング臨床体験のない、人権絶叫・冤罪探索型弁護士たちが全国にはびこり、声を嗄らし、弁護士へのアクセスを声高に叫んでいる。世の親たちにして、このような人権絶叫・冤罪探索体質のこわもて弁護士に対して、現に非行の泥沼に深く足を取られ、身動きできなくなっている自分たちの子の、ケースワークやカウンセリングを全面的にゆだねる気持ちを起こそうとするほどの愚か者はいない。

表現が必ずしも適切ではないかもしれないが、過去半世紀にわたった、弁護士たちのこのような料簡違いは、家庭裁判所を基軸とした少年保護制度の抱える、大きな恥辱であり恥部であり続けたといっても、決して過言ではない。

それはまた同時に、非行少年にとっては、必要不可欠な支援と救済手段の完全な欠落であったから、大きな災難・悲劇であった。そのような弁護士の付添人制度に対する軽視と怠慢傾向は、司法改革の叫ばれている今日もなお、依然野ざらしにされたままであり、ここに着眼し、手当てを施そうとする改革者出現の兆しはない。

少年付添人の世界は、この半世紀、厚い氷に閉ざされた北緯五五度の、シベリア流刑地を思わせる。そこは厳しい寒風にさらされ、草木すら生育できない、臨床法学極寒不毛の地でありつづけた。少年事件臨床とは、緑したたる、暖かな国のお話である。

私の述べる上記の付添人の本質、理念が、弁護士の日常の業務の中において輝き始めるには、恐らくあと、半世紀の年月が必要であろう。当分は、全少年保護事件の、せめて一％程度でもよい。リーガルケースワークや、リーガルカウンセリングの細道を照らす暗夜の一灯として、数人の篤志家が身を挺し、少年事件の臨床のお手本を、あるいは後輩である法科大学院生に、あるいは後続の修習生に、もしくは仲間の心ある弁護士たちに、めいめいの後姿で示し、それによって後進を導く時代の大道を作り上げてほしい。

そのようにして真に熱意のある、正真正銘の少年付添人市場を、家庭裁判所の周りに、あわてず臆せず、一〇年計画、二〇年計画でゆるやかに順次形成してゆく、そのような心の改革準備に取り掛かるべきである。

付添人弁護士が、「臨床法学」の主体をなすリーガルケースワークやリーガルカウンセリング技法という、新しい非行少年健全育成に向けての付添人クリニックに適合するケースワークとカウンセリング研修・訓練が組織的に開始され、多くの弁護士がその臨床実習に心を砕く日が来るのを、私は心から祈っている。

ちなみに少年事件の付添人は、弁護士に限らない。少年事件臨床に興味や経験のある一般市民に等しく開かれている。その方面に関心をもつ人々が全国的に集まり、数十年も前から「少年友の会」を作り、彼ら自らがボランティアとして家庭裁判所に、少年付添人を供給し続けてきている。しかしそのいじましい素人たちの善意の行動には、もとよりリーガルクリニックの味わいも何もあるわけはない。ひたすら「善意の敷石」として存在するのが現状である。善意の敷石は、時に地獄に至る道筋でもありうる。幸いにもこうした善意の素人の付添人活動は、せいぜい少年の試験観察期間の終了とともに終わるのであるから、今までに二次被害が発生することもなく、家裁の軒下で、音もなくひそかに推移している。

今世紀に入ってから、一部の司法書士の方々が零細な消費生活上の紛争を自分たちの手で解決するためのＡＤ

Rを創設しようとし、その準備にと、リーガルカウンセリングの習得に向かって、日夜心を砕いておられる。「少年友の会」が、こうした司法書士会の新しい胎動に、ぜひとも暖かな眼を向けていただきたいと思う。カウンセリングの訓練を受けた司法書士たちは、沈滞した弁護士会経営のＡＤＲの世界のみならず、さらに沈滞著しい弁護士少年付添人の世界に、必ずや貴重な覚醒の一石を投じ、石あたま弁護士たちの目を覚ましてくださるに違いない。

少年事件のリーガルクリニックにつき、経験の乏しい私は、付添人の行動様式のすべてを、本書において網羅することはできない。本書の趣旨はどこまでも、古いエトスにまみれた普通の弁護士たちに、せめてものリーガルクリニックの「動機づけ」を与える臨床的読み物を提供する程度にとどまる。

三　補導委託先の援助とその活用

家庭裁判所調査官は、担当する個々の少年を、時間をかけ、長い目で見るために、大衆食堂や町工場の経営者である一般のボランティア市民篤志家の営む営業所に、試験観察実施中の少年を委託することが多い。これらのボランティア補導委託施設が、調査官の監督のもとに、相当幅広いケースワークを実施し、その間調査官は、補導委託先から報告を受けるなどして時々刻々に少年の行動を観察し、民間人の善意に頼りつつ少年自身の変容に期待を寄せる。

これが少年法第二五条に定める試験観察制度の通常のプロセスである。

それは創設から半世紀を経た今日の時点でも、調停委員制度と並んで、まさに「市民参加司法」の模範というべき斬新な家庭裁判所らしい制度である。

試験観察という制度は、民間人ボランティアに少年の補導を委託して行わせるという市民参加の法制度によって、著しい発展を遂げたといえる。

弁護士である少年事件付添人の持つ少年事件の臨床能力の半分は、この補導委託施設と呼ばれる善意・有能な事業主をどれだけ開拓できるか。そしてそれぞれの事業主と手を組み、いかに民間ボランティアの底力を、非行少年の更生に活用できるかにかかっている。

後の半分が、付添人の行う面接カウンセリングとケースワークなどの臨床能力である。

少年鑑別所は、静的に人間の科学的鑑別を行う。現代の臨床心理学レベルから見れば、鑑別所の寄与貢献は、幾分ずれている。わが国の臨床心理学専門家たちでさえ、人間を「鑑別分類」するというこの時代錯誤の業務を行う官僚システムには、強い拒否感を抱き続ける。

試験観察精度を質的に高め、より効果的な人づくり制度を創造し活用するためのケースワークの中で、人間を鉄格子の施設に閉じ込め、机の上でパーソナリティやＩＱの検査をし分類し鑑別し、その結果を少年の要保護性判断の資料とすることとには、恐らく多くの問題があるに違いない。心ある弁護士たちはそのことに、一日も早く気付いてほしい。

試験観察制度の中核は、民間人の司法参加によって非行少年の持つパーソナリティの中に潜む潜在能力を十全に引き伸ばそうとする、ケースワーク的活動である。

一九八〇年代には、オートメ化がいまだ高度化しておらず、例えば町なかの農機具工場では、補導委託された少年たちは、職人たちの助手として農機具の部品製作、組立てなどの作業工程に関与し、ものづくりを通して労働の尊さや、達成感の爽快さを味わいつつ自己を見つめなおす機会とさせ、自分自身を変容させていた。

当時の家庭裁判所では、しきりに「社会資源の活用」ということが叫ばれていた。世の中の状況もまた、家庭裁判所のこうした思想を素直に受け入れ、個々の非行少年の更生に、大きな喜びを感じつつ関与・協力して来た。

当時の補導委託先の市民たちの活躍は、だからそのような職場に試験観察中の少年を引き取り、労働の尊さとともに、物を作る楽しさとか、寿司を配達することで、お店がお得意先の人々とつながり、これに支えられていることを実感させる。そこには真に素晴らしい実学基本の臨床法学が息づいていた。

私が付添人として個人的に開拓し活用した補導委託先の主なものは、すし屋、弁当屋、鉄工所などであった。補導委託をお願いした少年とは、おおむね家庭の崩壊している少年や、単身で都会に出てきていて、身近に保護者のいない少年であった。彼らの中には、窃盗、暴行、傷害事犯、シンナー（トルエン）依存少年、異常性欲少年などがいた。

しかし彼ら試験観察少年たちは、熱心な補導委託先の雇用主が、それぞれ愛情溢れる個性で行ったケースワークで、委託少年のことごとくが、見事な更生につながり、めでたく終わった。

家庭裁判所制度開拓の先人たちが開発したこのような素晴らしいボランタリーな社会資源は、今もなお存在し続ける。弁護士付添人たるものが、このような全国の民間篤志家の心を忘れ、自分自身の力と官に依存するだけの安直な付添人活動を漫然と行うことは、著しい職務怠慢である。

四　鑑別所での面接

ある日私は、二人の司法修習生とともに少年鑑別所に入っている少年の面接に行った。

事案の概要は全て事前に修習生には話しておいた。面接のやり方については、各自自分の意思で自由にやっていい。ただし、いくら少年のためになると思っても、アドバイスをしてはいけない。聴くことが何より肝心なのだよと、面接カウンセリングの基本的な原理についての知識は、事前に与えておいた。

面接の本番になった。面接の相手の少年は、一七歳の少女だった。

一年前に家出し、両親に多大の心配をかけていたのに、この少女は、矢継ぎ早に、どんなに自分の両親が勝手な人間であるかについてまくし立てた。

自分はそんな愛情のない親の許に帰る気にはなれない。今自分と同棲している四五歳のヤクザが、どんなに自分に対して優しいか。

愛する男と別れる気持ちは金輪際ない。などと語った。

少女が別れたくないといっている相手の男はヤクザである。少女はその男とともに軽ワゴン車になべ釜や工事道具などを積み込み、車の中で生活している。

その男は覚せい剤の自己使用罪で別の拘置所に拘置されていた。彼女は、未熟な、恋する乙女らしさで、中年男性への思慕を率直に語る。

少女の話を聴いていた二人の修習生は、その少女が、世間知らずでわがまま者だと判断し、このような少女に何らかの気付きを与えようと思ったとすれば、それは当然なことではある。

しかし、折角面接相手の少女がそれだけ心を開き、自分の愛する中年男性への思慕を、率直に語ってくれている。聞き手のわれわれは、そのような率直な気持ちの吐き出しを、「そうだよねー」と、相槌を打ちながらしばらくは黙って傾聴すべきだった。

ところが意外にも、二人の修習生はこもごも次のように語りかけた。

「しかしねえ。君のお父さんやお母さんにしてみれば、どんなに君の帰りを待ちわびていらっしゃることか。」

「だけど相手の男はヤクザでしょう。」

修習生は、婉曲にやんわりと、世間の道理を説き聞かせようとした。

すると、その少女は、

「こちらの二人の若い見習いの人とは、私、話したくない。不愉快です。会いたくない。波多野先生、二人の見習いさんを、面会室の外に出てもらってください。」

と叫んだ。

少女にそう言われたら最後だ。私は二人の修習生に席を立たせた。

私としては折角のチャンスだから、若い人たちに私の面接法を傍聴させ、少女に、中年ヤクザ男と手を切る決心をつけさせるべく、そのいとぐちを模索しようとしていた。少女の将来を作るためには、まずもって男と手を切る決断を、どうしてさせるかが面接の最重要課題だった。

しかし、気の強い少女のこの一声で、リーガルカウンセリング臨床傍聴の、折角の試みは、あっという間に潰え、私は修習生抜きで面接を終えた。

少年に気付きを与えることは大切なことである。しかし、二人の修習生は、あまりにも早い段階でその実現を試みようと気負いすぎてしまった。

しかも、カウンセリング面接に際して、決して言ってはならない、「しかしねえ」とか、「だけど」という「逆接の接続詞」を使った。

面接カウンセリングにおいて逆接の接続詞を不用意に使うと、それはてきめんにクライアントの心を傷つける。逆接の接続詞は、このようにたいせつな面接を台なしにするほどのエネルギーを持つ禁句である（波多野二三彦「弁護士面接相談技法の改革――リーガルカウンセリングのすすめ」判例タイムズ一一〇二号二九頁）。

五　試験観察中の援助

心変わりをした恋人を責めて暴力を振い、重傷を負わせた少年があった。

A少年と呼ぼう。その事件は、逮捕勾留、観護措置の後、三ヶ月の試験観察を経て、最後には保護観察処分の決定をもって終わった。その少年の付添人であった私が、どのようなケースワークやカウンセリングをもって付添人の業務を行ったかを説明し、少年事件におけるリーガルクリニックの実態がどのような味わいを持つものであるかについてお話ししたい。

A少年は五〇日にも及ぶ長期の勾留、観護措置の間に、精神に少し異常を来たしていた。「刑務所で粉薬を飲まされたから、自分の考えていることのすべての内容が、外部の人々に筒抜けに聞こえてしまう」などとつぶやく、明らかな精神症状を示す「思考伝播」になった。

私は、そのことから、知り合いの精神科医とともに、その思考伝播が改善するまでは、ほんの一時期共同してその少年や家族たちのケースワークを行った。

試験観察決定で自宅に帰ってきた少年とは、思考伝播が原因で、ほとんど会話もできない。そのため私はしばらく彼と筆談で意思の疎通を図った。

ある日A少年は私に、ぼそりと、「自分は小さくなりたい」と言った。小さくなりたいというその趣旨をよくよく聴いてみると、「母親の胎内に帰ってゆきたい」という意味であった。慣れない取調べの連続に明け暮れした毎日の精神労働で、彼の精神は疲労困憊し、彼を母の胎内に帰りたいという気持ちにさせたのであろう。

そこで私は、少年を徹底して落ち着かせるため、厚いカーテンで薄暗い部屋を作り、少年を数日間寝かせ、その期間、殆ど終日母親に添い寝させた。

鑑別所から釈放されたばかりの少年は、最初は背中を丸め、足を引きずり年老いた老人のようにとぼとぼと歩いていた。それが思考伝播から解放されるにつれて、次第に全身や顔に活気が出た。

外見からすれば夢遊病者のようなその頃の少年の心を強くするため、私は毎日のように、A少年の両親にカウンセリングを行い、かつまた父親に対し、少年を強くするためのケースワーク課題を、次のような順序で順次与えた。

両親に対するカウンセリングの主眼は、精神の弱っている現段階の少年に対して、元気を出せとか、だらだらするな、などという注意を与えない。説教しない。ということであった。

両親とA少年に対するケースワークの課題は、次のように日々変化した。
① 少年を父親の運転する車に乗せて誘い出し、父親とともに河原に散らばっている美しい小石を拾ってこさせた。
「ワーッ。きれいな石を拾ったね」と、その都度私はほめてやり、エンパワーした。
② 父とともに、車で近くの山へ出かけ、ツツジの花を取ってこさせた。そしてそれを花瓶に生けさせた。
③ 少年単独で、街のタバコ屋に行かせ、父のタバコを買って来させた。
④ 家族とも会話ができ、短期間街に出て歩けるようになったことを確認した後には、小さな企業を営んでいる友人に依頼し、午前中の三〇分間、少年に入出金伝票とか、入出庫伝票などの整理をさせた。そしてその稼動時間を少しずつ伸ばしていった。
ケースワークの重点は、最初は母親に「添い寝」をさせることから始まった。

次いで父親との二人三脚に、そして最後には少年本人単独の営業活動に移行した。

営業活動を行っている社会人の傍に少年を置いたのは、少年に、会社の空気を呼吸させるためである。

その間私は、母親に対して内観カウンセリングを行った。両親は少年に対し真の愛情を、無理なく自然のスタイルで示せるように、次第に変容した。

なお、被害者である少女は、この期間、病院や遠くの親戚に預けられていて、私はその父親と会い、被害弁償の交渉をした。その交渉は困難を極めた。しかしともかく示談の合意が成立し、この和解合意が少年の処分決定に大きく作用したことは申すまでもない。

このようにして三ヶ月の試験観察期間を終え、家庭裁判所は、少年に保護観察処分の決定をした。

Ⅱ　保護観察期間の援助

一　ケースワーク

保護観察は通常、保護観察所が、少年の住む地域の、ボランティア公務員である保護司を指名し、その担当となった保護司によって行う。

前記少年事件の付添人としての私の職務は、保護観察決定の云渡とともに終了している。しかし私は事件の性質から、Ａ少年の保護観察についても、深く関与するのが当然だと判断した。

そしてこの保護観察には、通常つけるはずの保護司をつけず、保護観察官の「直接担当事件」にしていただいた。

これは極めて稀にしか行われない特別の措置である。

その理由は、この少年については、保護観察所が事件の特殊性から、ケースワーク的、カウンセリング的なスキルが、その時期においても常時必要とされると判断したからであった。保護司は補導援護の臨床については、ある程度の研修は受けてはいる。しかしこの少年事件については、並の援助でお茶を濁すことは適切ではなく、Ａ少年の保護観察については、私の全面関与は大切なことであった。

その期間には、伝票の整理時間を次第に延長し、あるいは新幹線に乗せてプロ野球のナイターを見に連れてゆき、その際、行き交う人々に対して少年がどの程度に精神的反応を示すようになっているかについて、仔細に観察した。

特に長期の身柄拘束により、精神衰弱によって精力全般の衰えている少年が、女性ティーンエイジャーに対してどれだけの関心を示すであろうかを、問い答えでもって観察し、異性に対する関心の度合いをもって、精神と精力回復の進行を測る目安にした。

保護観察は、少年が成人に達した段階で、保護観察所にお願いし、即時解除していただき、遅まきながら大学の受験勉強に取り掛からせた。

保護観察という見えない鎖から、少年を完全に解放することは、これもまた、少年の自立心の促進にもろにつながる重要なケースワークの一環である。

少年はほどなく予備校に通学するようになり、大学に合格し、卒業した。

卒業後は小さな店に就職し、恋愛し、結婚式も挙げた。その後二〇年間近く、彼は安定して社会生活を営んでいる。

弁護士である付添人は、信頼関係の存在する限り、家庭裁判所の審判終了後も長く少年に寄り添い、その成長・改善を見つめることができる。

このような少年付添人の職務をはみ出す職務は、リーガルクリニックに漬かりこんだ弁護士にとっては、冥利に尽きる愉悦でもある。それについて書かれた少年事件付添人の臨床指導書が一冊もないというのは、むしろ極めて異常なことだと多う。

少年保護事件では、付添人の任務は、終局審判の告知とともに終わる。少年は身柄を釈放され自由な身体となり、家族とともに各自の家へと帰ってゆく。

二　ボディワークの実施

次に述べるボディワークの実施は、少年が少年鑑別所から釈放されたその直後の二時間、親子のコミュニケーションを図るために行ったものである。

少年はしばしば審判の行われる前に、少年鑑別所に二八日間という長い期間にわたって調査のために収容される。ある者はその前に、逮捕勾留で警察の留置場や拘置所に最長二二日間も抑留されるから、最悪の場合少年は、犯罪捜査と心身鑑別で、驚くなかれ合計五〇日間も抑留されることもある。

それだけ長期間抑留された後に、少年が不処分とか保護観察の決定を受けて自宅に帰される際には、しばしば思いがけないトラブルが発生し、それまで家庭裁判所が善意で入念に行った、少年の両親や家族に対する釈放前のケースワークが、殆んど台無しに壊されるということも、決してないことではない。

長期の抑留は、人の精神状態に好ましくない悪影響を及ぼすからである。

そのような悪影響を防止し、釈放された少年と家族の間に、釈放直前と直後に、親子の新鮮なふれあいがかもし出されるようにするために、私は以下述べるように、ボディランゲージをふんだんに取り入れたカウンセリングで、親と子の、心と体のふれあいによって生じる心の絆を強くする機会を作るようにしている。

このケースは、一九九八年、保護観察の決定を受けて釈放された少年マリ（仮名）の少年保護事件を一つの例として取り上げているが、ほかのものもこれと大差はない。

ちなみにこの非行事件の概要を述べておく。マリは女友達とともに二人の男の子の乗っている車に乗って寝たふりをしていた。その女友達は、車から下りしなに、男友達二人に、そーっと、「あんたたち、マリを回していいよ」（マリを輪姦していいよという意味）といった。

再び車が走り出して止まったとき、身に重大な危機が降りかかる危険を察知したマリは、いち早く車をとび降りて逃げ出した。そして後日、その女友達を捕えて責め、顔全面が紫に腫れ上がるまでに殴って傷害を負わせたというもの。

付添人である私は、保護観察所の所長や観察課長に、「審判が終わった直後、保護観察所の一室に、釈放された直後の少年マリとご両親に集まってもらい、ボディワークをやりたいので協力してほしい」とお願いをしておく。

その部屋の窓にブラインドを下ろして薄暗くし、座布団も用意していただく。

（1）　親子三人は背中を合わせるようにして、放射状に座る。そしてしばらくは、薄暗い部屋の空気に慣れるまで、眼をつむって瞑想するようにいう。

（2）　少年マリはそのままの姿勢で、マリが少年鑑別所入所時代に両親宛に出した手紙のうち、前もって付添人の私がマーカーで印をつけたところだけを、声を出して読ませる。マリの朗読が始まると、母親は泣きはじめ、その泣き声が次第にはげしくなった。父親も、それにつられて泣き出した。マリの声が、両親の心にビンビンと響いたのだ。
マリが一区切り読んだところで母と父が、マリに対して、マリちゃん、とてもよかった。お母さん、嬉しい。などとそれぞれ感想を述べた。父親の感想は具体的ですばらしかった。

（3）　まず父親とマリを立ち上がらせ、後ろ手に組んで右に二歩、左に二歩、前へ二歩、後ろに一歩というように動かせる。

父親はマリが動きやすいように、「マリからみて右からよ。マリからみて左からよ、今度は後ろだよ。」というように、いちいち声をかけながら自らの体を動かす。これを見ていた私は、父親の優しさに胸の詰まる思いだった。

（4）　今度はマリと母親。後ろ向きではなく、向かい合って両手を組み、右へ二歩、後ろへ二歩というように動かせる。母親は父と娘の動き方を見ていたので、ダンスをするようにスムーズに動くことができた。

（5）　「マリがお母さんとやったとき、どうしてスムーズに動けたのかなあ」という私の質問に、マリは、「そりゃ向かい合っているからよ。」と答えた。

（6）　マリに父親と母親の肩たたきをさせ、もんだりさせた。父も母も「ちょうどいい加減だよ」という。

「マリは、前にもやったことがあるからねえ」と、みんなが笑い声を上げながらやっていた。

（7）　マリの後ろに父親が立つ。前に立っている母親がマリの肩を軽くポンと押すと、マリが後ろに体を倒す。

それを父親が後ろから支える。母親も父と位置を入れ替えて同様にやった。

（8）　母親はマリの顔が母のおなかの方を向くようにし、マリの頭を自分の膝に置かせるようにして、マリを横たえる。その状態で、
　母は手でマリの頭や身体をなでながら「ハッピバースデーツーユー」を二、三回歌った。マリは、一八歳の誕生日を鑑別所の中で迎えるに違いないと思っていたのに、母さんの膝枕で、誕生日祝福の歌を歌ってもらえて、とてもハッピーだといった（波多野二三彦『内観法はなぜ効くか』〔第三版〕二五八―二六二頁参照）。

その数日後、母親から私宛に電話があった。
「私は今でも、保護観察所で、マリが手紙を読んだ場面をイメージしながら、マリの手紙を何度も繰り返し読んでいます。パパもあの日のことを思い出しては、涙ぐんでいます。私たち二人とも、この幸せをバネにして生きようねといっては、毎日、つとめてニコニコ顔で働いています。」

Ⅲ　少年院送致事件

一　家庭環境の調整

家庭裁判所における少年保護事件では、少年の犯した犯罪の態様、犯行後の情状、少年の資質、家庭環境によって、少年の終局処分が影響を受ける。特に少年保護事件にあっては、少年の家庭環境によって終局処分の内

容が決定される比率は大きい。

だから付添人として活動する場合には、少年がやがて少年院を仮退院して復帰する家庭環境については、十分な配慮をもって調整しておくことがたいせつである。

両親が少年に相当の愛情を持っている場合でも、もし少年がシンナーとか覚せい剤で汚染され、これらの薬物に依存している場合であるとか、あるいは少年が仮退院後に、特定の暴力団とかチンピラなどと親交を結ぶ可能性があるなどの場合には、そのような危険な社会環境とのかかわりの可能性を排除しておく必要があることはいうまでもない。もちろんこのような場合には、一般的にいって、在宅の保護観察処分では不十分である。このような場合には、少年を一定期間少年院に隔離・収容しながら、その間に、少年本人の薬物への依存を断ち切るとともに、その他の社会環境とのかかわりの可能性を排除しておくことにも、思い切った措置を講じておく必要がある。

そのような万全の措置を講じた後、少年が少年院で薬物の依存から離脱したことが確認されれば、そのまま少年を安全に、まっすぐ両親の待つ家庭に戻してゆくことが可能になる。

「家庭環境の調整」といえば、ケースワークの面だけを予想しがちであるが、Ｋ子の事件は、環境調整のために、特に両親に対しての徹底した自己対決（治療対決）を求めるための、強力なカウンセリングが必要とされた案件であった。

二　家出少女Ｋ子

Ｋ子には外形的な先天的欠陥があった。

当人も幼少の頃から、その身体的な異常で、どんなにか劣等感に苦しんだことだろう。Ｋ子の劣等感のためにご両親の方も、子育てについての精神的混乱は、当然に激しいものがあったろうと想像された。そのせいであろうか。K子は高校二年の時突然家出した。

その理由について私は、ご両親から殆どなにも聞きだす勇気はなかった。

家出した一六歳のK子は、やがて街のチンピラたちの餌食になり、連日連夜薬物で興奮させられ、もてあそばれた。そこへ浦島太郎のような慈悲深いやくざが現れた。そしてチンピラたちがいたぶり続けている亀を譲り受けるようにして、その若い娘をチンピラたちから身請けし、我が家につれ帰った。

しかし覚せい剤に汚染された亀を連れ帰った昭和のやくざ浦島も、K子の習いから薬物にたん溺するようになり、二人はやがて警察に逮捕された。

逮捕時一七歳になっていたK子は少年鑑別所に、やくざ浦島の彼氏は拘置所に収容された。

二人のかりそめの愛の営みは、司法官憲によって引き裂かれた。

逮捕に続く観護措置の間に、K子が少年鑑別所で書いたSCT検査（文章完成法検査）には、次のようなことが書かれていた。

　　私のよろこびは、……パパと一緒に寝てお話をすること。
　　私の悲しみは、……今度パパの身の回りのお世話ができなくなったこと。

K子の付添人になった私は、K子の書いた上記の小文を読んで、K子と彼女の愛人である今浦島の仲を裂くのは至難の業だと思った。

その上K子が家出してからは、すでに満一年が経過していたし、しかもK子は浦島の子を懐妊している。

K子は中年の浦島にすっかりなつき、「パパ、パパ」といって慕っていた。K子にしてみれば、このパパこそは、狼の群れから自分を救い出し、いつくしんでくれた恩人でもある。K子のおなかには、今浦島の種が宿っているのであるし、彼女がSCT検査用紙に書いているように、今浦島のパパちゃんに、身も心も捧げる気持ちになっていたのも、ごく自然なことであった。

その彼女をパパちゃんのもとから引き離して、乙女らしい愛情をもそぎ落とし、帰りたくもない両親の許へ帰る気持ちにならせるというのは、少年付添人のわたしにとって殆んど不可能に近い大事業だった。

しかし、世間の辛酸をより多くなめていた今浦島の男が、K子より先に折れてくれ、拘置所での面会のとき、「私はK子とK子のおなかの赤ん坊を諦めます。K子に対する愛情も、この際、思い切って断ち切ります。どうか、K子にその旨を、よろしく伝えてください」と言ってくれた。三度目の接見の時だった。

覚せい剤に汚染された妊婦であるK子は、女子少年院ではなく、医療少年院に送られた。

法律の建前からすれば、これをもって付添人個有の任務は終了する。しかし付添人の本領が発揮できるのは、むしろそれから後の活動である。

三　乳児の養育問題

私はある日、K子の両親とともに、遠く離れた都市にある医療少年院に収容されているK子の面会に行った。面会が主な要件ではなかった。ご両親に対するカウンセリングのチャンスを作るためのたいせつな旅だった。

K子の両親は、やがて生まれてくるであろうK子の子、すなわち自分たちの孫を、少年院から受け取ったら直接乳児院に預けるつもりだった。

それではK子の今後の健全育成は不可能だ。そうではなく、その子をご両親の膝元で育てようという決心を、ご両親に主体的にしていただかなくてはならない。両親に対し、そのための、いささか厳しい自己対決を求めるためのカウンセリングを、私はその長旅の中で予定していた。

ご両親の社宅は団地の真ん中にあった。家には結婚適齢期の娘さん（K子の姉）もいる。そんな家庭環境のもとに、K子の生んだ乳幼児など到底引き取れるわけがないと両親は自宅での孫の養育に強硬に反対し、K子が出産したら、生まれた赤ん坊は直ちに最寄の乳児院に送り込みたいと言っていた。

団地の真ん中で赤ん坊が泣き叫んだら、そこからまた一家の悲劇が発生するに違いないという。これがご両親の強い反対意見の根拠だった。

私はこれとは全く反対で、ご両親が孫を膝元から引きはなすことについては深く憂慮していた。だからご両親にいった。

「乳児院にお孫さんを預け渡すことについては、もっとしっかり考えてほしい。なぜならK子は少年院の中で、これから生まれてくる子供と、母親としての自分の生き方について不安が絶えないことでしょう。きっとご両親の出方を真剣に考えているに違いありません。もし万一、ご両親が不義の子をK子からもぎとって乳児院に預け入れてしまおうものなら、K子はそれで自分と両親との和解は絶望的だと思い定める。

そうなった時には、彼女は再び家出する。K子は少年院の中できっとそのように最悪の場合だけを、毎日毎日考えつつ悩んでいるに違いありません（あれほど世間体を気にして生きてきた両親のことだ。新生児が生まれるや否や、自分に対する愛情と、世間体を天秤にかけ、私の生んだ子など、すぐさま乳児院に送り込むだろう）。

ご両親の本音のところは、彼女にはとっくに分かっているでしょう。彼女の不安で悲しい思いが、僕には手に取るように分かります。どんなに隣近所に対して恥ずかしかろうと、K子の子供はお宅で育てる以外、道はないのではないでしょうか。時間をかけてゆっくり考えてみていただけませんか。」

四　少年院長の決断

ある日医療少年院長から、Ｋ子の両親にではなく、元付添人の私に電話があった。

「波多野先生、できることならＫ子の出産を、この少年院ではなく、郷里のしかるべき産院でさせてやりたいと思っています。少年のご両親様にとっても、そしてまた生まれてくる子のためにも、それが最善の筋道でしょう。少し早いとは思いますが、少年の出産準備のため、もう何時でも少年を郷里に送り返す準備は整っています。先生のお力をお借りして、ひとつこの際私のこの願いが遂げられますよう、至急ご両親様を説得してくださいませんか。院長として心からのお願いでございます。」

何という温かなお言葉であろう。私は狂喜した。涙が胸に逆流した。

少年院処遇規則第四九条によると、適当なときには、院長権限で少年を少年院の外の医療施設に送り出すことが可能なのである。私は〇〇大学付属病院の産婦人科教授にお願いし、Ｋ子の近い将来の出産に備えて個室ベッドを用意していただくよう、予約した。それとともに両親には、Ｋ子をもうすぐに自宅に一時帰らせるから、そのための心の準備を整えていただき、出産に備えてくださるよう、お願いした。

Ｋ子は、出産のため自宅に帰った。彼女が産気づいて大学病院産科に入院する前後の頃までは、両親はしぶしぶではあったが、生まれた子を取り上げたら、その子を、ひとまず自宅に連れて帰るというところまでの決心ができていた。

Ｋ子は、大学病院のベッドの中で私からそのことを聞いたとき、にっこりとうれしそうな顔をした。出産後の一時期を、「母として」、そして同時に「幼子を持つ少年院生として」平和な産後の自宅療養をしたＫ子は、両親や家族たちの対応に、こころから満足しきって二ヶ月ぶりに医療少年院に帰っていった。

いうまでもないが、K子は、生まれた赤ちゃんを、父母に託したまま医療少年院に帰って行ったのである。

五　両親の変容

そのようなある日、少年の両親は私に、このようにおっしゃった。

「孫の顔を見るまでは、世間体が気になるばかりで、K子の生む子供に、それほどの愛情も感じなかったのですが、私たちと血のつながった男の孫が授かり、その後孫のお守りをしていますうちに、孫がとても可愛ゆくなり、孫がどんなに大声で泣きわめいても、私たち夫婦は、二人とも、その泣きわめく声が全く聞こえなくなったのです。孫が大声で泣いたらどうしようという恐怖は、今では、ウソのようにすっかり消えてなくなりました。隣近所にこのことがばれたら恥ずかしいという、そんな心配はどこかへ消し飛んでしまいました。」

それから五年の歳月が過ぎ去った。ある日、K子の父親が五歳になる男の子を連れて私の家を訪ねてきた。父親は言った。

「先生、今日私は、町の子ども会の会長として、先生のおうちの前の「子供の森」に、この子や近所の子供たちを連れて遊びに来ました。見てやってください。これがK子の生んだ子供です。」

私は感動のあまり声も出なかった。そしてややあって、K子ちゃんにも遊びに来るように言ってくださいとお願いした。

それから後、お母さんらしく成長したK子は、しばしば私の法律事務所に遊びに来た。そして言った。

「この件で、お父さんやお母さんが、私の子を自分の膝元で育てる決心をするまでには、両親はどれほどの苦しみを味わったか知れません。私は父母には、まだ子の父親の姓名などは一言も言っていません。両親もそのことについては、全く触れようとはしません。それでも私の両親は、今では孫の泣き叫ぶ声が全く聞こえなくなったかのように、近隣の人々に対して平然と付き合ってきています。そうした両親のたくましい愛情に毎日のように接して、この私がどれほど生きる力と喜びを頂いたかわかりません。」

Ⅳ　触法少年事件

一　家庭内暴力と、両親の家出

少年Ｄはその年の春中学を卒業し町工場に通っていた。間もなく工場を休むようになる。一日家でＣＤをかけて寝そべって聴き、シンナーにふけり、万引きをし、中学の女教師や女生徒を追いかけまわし、家庭内暴力で家の中にある物は、建具といわずベッドといわず、全ての形ある物を破壊しつくした。少年の両親は、少年を児童相談所に通告した。児童相談所は警察に通報した。

少年Ｄの母は次のように電話してきた。

「私ども夫婦は、息子Ｄのことで、さる有名なカウンセラーの先生にご相談しました。先生は、それはご両親が子供を甘やかしすぎるからだ。両親ともに家出して、息子に少し不自由を体験させなさいというアドバイスをいただきました。私どもはこの先生に頂いたこのアドバイスに従い、息子を家に独り残し、両親ともども、別々の所に家出して、そこからめいめいの職場に通っています。ところが最近、私どもの留守宅が、青少年のシンナーの巣窟になっているということで、ご近所の方たちから、このままだと団地の風紀が乱れるので、またまた警察に通報する以外に道はないと騒いでいるそうです。

そこで、従来アドバイスをしていただいていた先生のご友人で、心理学の教授の先生にご相談しましたら、そのようなことなら、弁護士でカウンセリングをやっている波多野先生に、あらためて相談すべきではないか、とおっしゃいました。一度日を決めて、いろいろ教えていただきたいと思っています。」

私は、荒れ放題乗の年頃の子供を独り家に残して両親ともども家出しなさいという青少年カウンセラーがわが国にいたことに、先ず驚いた。

もっと驚いたのは、他人から言われるままに、社会的にみて、危険極まりない中卒の子供一人を家に残して、家出した夫婦の無責任さ。

少年Dは、両親と争い、腹立ちまぎれに、家中の建具や机や椅子の他、あらゆる物をすべて叩き壊したという。私はその家を訪ねてみると母親がいて、今、この家の中でシンナーを吸っていた四人の男の子が逃げてゆきました。部屋にはシンナーの臭いが立ち込めていました。この子が私の息子のDです。といって、問題の息子を紹介した。

私が一歩家の中に入って見渡すと、ガラス戸も、扉、障子、ふすまや家具さえなく、ガランとしていた。ガスも電気も切ってある。Dに尋ねると、今でも勤め先をサボって遊んでいるとのこと。

私は、今日は都合ですぐに帰りますが、今度は一晩泊まりでD君のカウンセリングに来ます、というとDは、「今度おっちゃんが来るときには、僕の彼女を連れてきておくからね。きっと来てよ。」と言う。

一週間後Dとの面接時間を予約して再び訪問した。しかしその日、Dはいくら待っても帰ってこない。そこで私は母親のカウンセリングにとりかかった。

「お母さん、あんたたちどうしたら息子の心に近づけるのかなあ。息子が今、何に夢中になってるか、分かっていますか。」

「いいえ、全く分かりません。」

「ほら、見て御覧。息子の寝床の枕元にあるＣＤは、みんな新品同様。殆んどが南野陽子のヒットソングアルバムです。今、私がお母さんに聞かせてあげる。」母親は息子が大事にしているＣＤアルバムを聴いて、その内容のすばらしさに、あらためて感嘆の声を上げた。

二　母親の変容

それから二週間後に、私は泊まる支度をして三度目の訪問をした。家出した両親は、既に自宅に帰って落ち着いていた。電気、ガスも使える。

部屋には幾分か温かみがあったが、家具、調度品は、依然として何もなく、ガラン洞の状態だった。両親は焼き肉料理で私をもてなしてくれた。

食後、父親はガランとした応接間に引きこもったが、母親はＤ君の大好きなアイドル、南野陽子の歌を先日聞いて感じるところがあったのであろう。どこからか南野陽子の顔のジグソーパズルを買ってきていた。それを息子に完成するよう勧め、自らも息子の傍で、熱心にのぞきこむようにして見ていた。

Ｄ君は夢中で南野陽子の顔を、必死で作り始めた。そして、顔の部分が完成するや歓声を上げ、それを別室にいる父親にも見せに行った。

その晩、私はＤ君と枕を並べ、話をしながら眠った。枕元では、南野陽子の歌う「リンデンバウム（シューベルト作曲の菩提樹）」のＣＤが、一晩中鳴っていた。

児童相談所は、波多野弁護士さんがカウンセリングをしていらっしゃるのだから、Ｄ君も当分はあまりえげつないことをするんではないよと、注意したそうだった。Ｄ君も自覚したらしく、僕は当分、中学校にガールフレンドを連れに行くのは止めましたと、言った。

三　少年の職場復帰

翌朝ご飯をご馳走になって東京に帰るとき、母親はD君に言った。

「D君、波多野先生をバス停まで送ってゆきなさい。」

D君は、何かうきうきした感じであり、私の切符を買ってくれただけではなく、私と一緒にそのバスに乗り込み、JRの駅まで私を送ってゆくと言う。そして私の前の席から後ろ向きになって私に話しかけた。

「僕、やっぱり明日から働きに行くことにする。」

「びっくりするじゃあないか。どうして。」

「だって、僕、たまには、シャキッとした給料袋や新札が握ってみたいもん。」

「なるほど。しかしよくまあそういう気持ちになってくれたなあ。」

「昨夜はとても楽しかった。僕、給料もらったら、先生に真っ先に、先生の好きなCDを買ってあげるからね。」

「わあい！　嬉しいことを言ってくれるね。じゃあ、先生も今日これから、君の職場復帰を前祝して、JRの駅前のCDショップで、君にCDを一枚プレゼントしたいな。D君、受け取ってくれるかい。」

このようにして、D君は翌日から職場に復帰した。

それ以後、児童相談所も、D君の補導は取りやめにしたということだった。

児童、生徒を両親が甘やかすから、家庭内暴力やシンナーがひどくなるのだという識者の意見がある。しかしそれより大切なことがある。両親が子供の大事にしている心の宝物を良く知り、彼に寄り添って子供らしい大切な心の宝物を認めてやり、彼の傍に寄り添って、いいぞ、すごいぞと激励してやれば、子供はたちまちエンパワーされ、シンナーや、夜間の徘徊、女生徒への乱暴などの非行を止め、親たちの望んでいる、職場復帰を果たすのである。

第四章　少年矯正の臨床

一　篤志面接委員

わが国のすべての少年院に、民間人ボランティアの「篤志面接委員」がおかれている。「面接」という字が入っているが、その多くは、書画、生け花、俳句、短歌、宗教的心情などを教える人々であって、もともとは「プリズンビジター」という外国の制度にヒントを得て創設されたものである。

私は岡山少年院の篤志面接委員として約一〇年間、隔週かあるいは月に一度、岡山少年院を訪れ、自分の面接担当として決められている少年について、一日に二人の少年の面接カウンセリングをした。

篤志面接委員は、各矯正管区長の任命する準公務員で、面接する前には、担当する少年の非行歴、家族関係、性格・資質その他の特性などを、克明に綴った門外不出の記録を貸与され、それをよく読んだ上で面接するように勧告されている。しかし、私自身そんなものを殆ど読んだことがない。

自分自身の、今現在の心情をあからさまに申し上げるならば、私にとって岡山少年院の院生たちの存在は、「非行を犯したワルたち」という、低い次元のイメージではない。

少年院における私の面接担当の少年だけではなく、わずか一〇年だけの間に、そこでの運動会、文化祭、意見発表会、読書感想文発表会などで会うことのできた少年たちが、現在の私を育てて下さった。その意味では、岡山少年院の彼ら院生は、まごうことなき私の心の友であり、生涯忘れられない懐かしい人々である。

いつか少年院の運動会の日、私の面接担当の少年の家族たちが、お弁当を持って見学にやって来た。その時、少年は自分の箸でご馳走をはさみ取り、それを私の口に入れてくれた。水筒のお茶も飲ませてくれた。彼の顔は得意げであった。少年の父母は、息子がそんな失礼なことをして、と恐縮していた。

岡山少年院は中等・特別少年院といって、年長者とか、暴力団構成員とか、少年院への入院前歴のある者が、数多く収容されていた。そのような少年の比率が数十パーセントとかなり高く、私の担当する少年は、少年院の通常の、集団的生活指導・訓練などに積極的になじもうとせず、わざわざ自傷行為などしたりし、技能養成訓練や、その他体育実習に参加させると、集団的規律を乱すので、昼間から個室に蟄《ちっ》居を命ぜられている少年など、問題少年もあった。

二　S少年のカウンセリング

そのような、少年院の「問題少年」が、篤志面接委員の行うカウンセリングによってどのように自己変革を遂げて行ったかについて、一つの例を取り上げてご説明してみたい。

S少年。一九歳。暴力団構成員。連続二回目の少年院送致。他の院生との喧嘩が絶えず、教官にもこと毎に反抗するので、昼夜とも独居室暮らし。

三月初回面接。

一時間あまりひたすら傾聴。この時この少年は、美しい心を持った個性豊かな少年だと気づいた（美点の発見）。

四月第二回面接。

「君の素晴らしい個性をどうぞ将来、立派に伸ばしてくれ。僕は、君が院内で、どれほど反則を犯そうと、決して君を見捨てたりなどしないぞ。教官に叱られたって、決してヤケになるなよ。僕は君の味方だ。君の燃えさかる向上心を信じてこれからじっと見守っているからな。」

五月第三回面接。

Sは先だって町の女子中学生と剣道をして、ボコボコにやられたときの様子を話してくれた。

「波多野先生。その女子中学生の眼が、なんとも言えず美しかった。僕は心も体も汚れきってしまっていることを思い、生まれてはじめて、ワーッ恥ずかしい、と痛感したのです。先生も知ってのとおり、僕は五〇人からの女の体を知っています。その僕がね。少女の眼に射すくめられてね、汗は吹き出る、足も動かん、手も動かん。こんなに参ったことがない。僕は、あのキラリと光った少女の眼を忘れず、これから剣道に励み、真面目になります。」

面接の後書いたという、感想文にはこう書かれていた。

「この波多野先生は、個性を生かすためには、個性を抑えることを知らなくてはいけない。個性をストレートに生かそうとするから苦しみ傷を受ける。この先生ですら、自分の個性を人々が認めてくれたのは五〇歳になってからだという。それまで数え切れないほど、滑ったり転んだりしたそうだ。こう語る先生の横顔には、わが道を行く、で通してきた男だけが持つ逞しさが感ぜられた。ありがとうございました。この先生と話すだけでも私には大きなプラスになる。」

六月第四回面接。

「今日波多野先生と話し合ったこと、それは僕の青春を完全燃焼させることだ。僕が一番大切にしているもの、それは剣道だ。剣道をやっているときの僕の眼は、僕が一番生きているときの眼だ。青春の炎の眼と言えるだろう。

この先生ともっともっと話したい。そして先生の長所を盗みたい。それが僕の前進になることを信じている。」

Ｓは、年が明け、その翌年二月に仮退院した。女子中学生にボコボコに叩かれた頃は、剣道への関心はまだ低かった。しかし仮退院するときは、すでに剣道初段の免許を取得していた。

Ｓは郷里に帰る前に、私の家に一泊したいというので、自宅に連れて帰った。

犬を一〇〇匹殺した経験があるとＳはかつて話していたが、そのせいであろう。私の愛犬の「クロ」がＳの姿におびえて尻尾を巻き長時間、がたがた震えた。Ｓに殺されるのではないかと、動物の本能的感覚でいちはやく身の危険を読み取ったのであろう。

そのＳが郷里の父のもとに帰って一年が過ぎた日のことであった。

Ｓの父親という人から電話があった。

「波多野先生、Ｓが少年院から自宅に帰って来て、今日で丁度一年になります。それで突然お電話いたす次第です。この一年間、我が家の周りには、たくさんの暴力団員がたびたび息子のＳを連れ出そうとして集まりました。しかしＳはこの一年間、じっと耐えて彼らの誘いには一度も乗ろうとはしませんでした。父親として最も信用していなかったこの愚かな息子が、岡山少年院でここまでのど根性を頂き、男にしていただいて帰って参りました。少年院在院中のご薫陶に心から感謝し、御礼申し上げます。」（拙著・カウンセリング読本〔信山社、二〇〇三年〕一一二頁）

三　面接カウンセリングの技法

(1)　まえがき

以下は、一九九二年一月、岡山少年院の篤志面接委員五名が行った座談会の概要である。私は同少年院の篤志面接委員を一〇年余り勤めていたが、第二東京弁護士会に移籍するため、その四年前に面接委員を辞任した。しかしその座談会にはオブザーバーとして特に参加を許された。

この座談会で出席した篤志面接委員たちは、「岡山いのちの電話協会」の、電話カウンセラーとして一年半の教育訓練を受け、その後約一〇年間、電話カウンセリングに従事した経験のある人々である。だからカウンセリングの全くの素人ではない。

リーガルカウンセリングの臨床が何であるか知らない人々にとっては、この座談会に参加した篤志面接委員の発言に表れている「カウンセリングのこころ」は、カウンセリングの理論を説く教科書などに比べて、比較にならないほど分かりやすく、教科書にない温かみと優しさに溢れているように思われる。

出席者

篤志面接委員　嘉数　純栄、
同　長尾　通子、
同　堀　礼子、
同　太田美佐子、
同　井上ひろ子

司会　首席専門官　　　住友　和彦
オブザーバー　弁護士　波多野二三彦　　　その他　野間繁院長、次長等

(2)　自然体の面接

司会　五人の先生は、委員になられた以後、当院の印象についてどのようにお感じになっていますか。

長尾　少年院と聞きますと、なにか陰湿なところだという先入観がありましたが、少年に面接するようになってから、大きく変わりました。先ず、玄関前には、四季折々の草花が大切に育てられていて、ホッとできる空間があり、また、少年院の先生方と訪問のたびお話させていただき、ああ、ここでは少年の一人一人が大切に見守られ育てられているんだなあと、私の見方、感じ方が変わってきました。

太田　ここの少年たちは優しい。どうしてこの子がここに、と、いつも思ってしまいます。

少年院の先生方も穏やかで親しみが湧き、ここに来させていただくたびに、ここはいいなあと、ホッとさせられます。

面接委員になります前は、ここの子たちは、絶対逃げ出せないところに強制的に入れられている子供たちだから、きっと毎日抑圧された心理状態で生活させられているんだろうな。そういう子供たちとの面接は、高度な心理療法を駆使して面接しなくてはいけないのかなと思っていました。今ではそのような考え方は変わりました。どの少年と会っても、ごく普通の面接で、とてもいい関係が生まれてきています。

井上　たびたびこちらの行事に参加させていただき、面接委員のわたしは、いつも少年のいいところばかり見させて頂くだけですので、それがとてもありがたくて、申し訳ないように思っています。

嘉数　私も少年の意見発表会や、読書感想文発表会などによく来させていただきました。そのたびに感動させられます。そしてどの少年も、本音でものが言える環境におかれていることが、だんだんと分かってきました。

こちらで面接させていただく少年は、入院後数ヶ月を過ぎていますから、心情も一応安定した少年が多いように思います。

長尾　院生が落ち着いていて明るいのに驚かされます。太田さんのいわれましたように、特別の心構えなど必要ではなく、ただ自然体で寄り添ってゆけばいいという気持ちでやらせていただいています。

(3)　面接技法の重点

司会　委員の先生方は、どんなところに重点を置いて面接をなさっているのですか。

太田　私どもの面接は、少年にとってしばしのやすらぎ、息抜きの役割と考えています。何かを教え諭すことにならないようにしなくてはと思っています。

長尾　私たちの面接の空間が、その少年にとって、ホッとできる時間、空間でありますようにというのが、切実な願いです。少年に、どうあってほしいかではなく、どこまで少年に共感できる自分であるかといった、私自身の問題と考えながら面接しています。

井上　少年と目線を合わせて「寄り添う」という空気を作ることが一番の念願です。

長尾　そうよね。先ず少年の気持ちを知り、それに添った話し方を心がけることですね。その少年が、「アッ、このおばさん、本気で聞いてくれている」という、そういう雰囲気を先ず作ることが大切なことだと思います。

堀　その少年が最高に強い関心をもっているものをこちらが肌で感じたい。そのためには私は彼の全体を、どう受容するかが一番大事な問題でしょうね。少年の「今の気持ち」を大事に包んでゆくための心遣い。そして「貴方の言うことは、私にはよーくわかったわよ」と相手に知らせる。その場に最もふさわしい言葉やしぐさが、自然に生まれますようにと、心がけています。

同じ高さの目線でね。

いる
嘉数　少年が今現在、切実に思っていることを気軽に口に出していえる雰囲気を作る。これが一番大切だと思います。

司会　次に、言葉数の少ない少年に、心を開かせるということで、先生方は、いろいろとご苦労なさっていらっしゃると思いますが、それをお聞かせください。

(4)　無口な少年との面接技法

嘉数　はじめのうちは「うん」「いいえ」で答えられる問いかけをして、そのうちのどれかが膨らんでくるのを期待するのです。
例えば、「少年院に入って自分が変わったなと思うことがある？」と投げかける。これで当たることもあるし、外れることもあります。

井上　この前面接した少年のことですが、いくらやっても糸口がつかめないのですね。「その時どうしたの。」「別に。」「お母さんとは。」「まあ、うまくいっていました。」と、とりつくしまもない状態でした。そのときふと、これは自分が少年に対して心ひそかに自己洞察を求めようと意識しすぎているからいけないんだ、と気づきました。
そして全身を耳にしたのです。すると、彼のさりげない一言に、こちらが共感できる道が見えてきたのです。少年が、「今日僕、西田寿先生の絵画指導の時間がある。僕、花の絵が好きなんだ。」というのです。そこへ私が乗っていって、お互いに花の名前をかわるがわる言うことにしました。
その時彼は、墓参りの帰り道に見た曼珠沙華が好きだと言ったのです。二人はそれからしばらく曼珠沙華のことを話し合いました。そして、「来年私が曼珠沙華の花を見たら、今日の面接のことを思い出すからね。あなたも少年院での、西田先生とのふれあいとか、この面接の場面を、必ず思い出してね。」と言いました。彼は何かを感じたようでした。見る見る顔が真っ赤になりました。
「じゃあ思い出すことを、今約束しよう」といって彼と指切りをしたのです。

長尾　すっごく感動的ないい場面ですね。

（そうそう、という同感の声）

堀　人間、せっぱ詰まってどうしようもないとき、そこから不意に道が開ける。その道は、その前が重苦しければ苦しかった分、開けて来ると、その素晴らしさは、一段と心にしみますよね。

太田　お墓にお参りして、その帰り道に見た曼珠沙華がきれいだった、なんていうその少年の純粋な気持ちを、純な気持ちで聴いてくれ、井上さんのように、そこまでふくらませて思い出を作ってくれるような大人の人は、多分いなかったでしょう。その少年は、井上さんとの指切りのことが、いつまでも心に残るでしょうね。

長尾　確かに井上さんが言われたように、硬い理論にこだわっていると、瞬間的には大事なことが聞こえなくなる。こちらが和らぐと、そこに決定的な解決の糸口が見えてくる。

いつか河合先生（河合隼雄先生）がお話くださったように、毛糸がもつれたとき、能力や力のある人は引っ張る。それじゃあもつれはかえってひどくなる。こう、フワーッとやらなきゃ毛糸のもつれはほどけません、てね。

私は、少年の沈黙は、自分自身に問われている問題だと思い、沈黙の中で、じーっと自分に問いかけています。その間、少年の表情は見えますが、視線は自分の心へ向いています。少年は少年で、言語表現はなくても、心の中では、表現できない思いを交差させていると思います。

沈黙はお互いの自己対決の時間ではないでしょうか。

太田　私は沈黙が続いて息苦しくなった時、椅子を少しずらせて、少年と私の二人が並ぶように座り、窓の外を眺めつつ、空白の時間を作ってみました。すると、ふと少年が心を開いてくれ、面接が軌道に乗ったことがありました。

波多野　最近『カウンセラーとしての弁護士』（Lawyers As Counselors, 1991）という原書を読んでひどく感激したことがあります。

著者はカリフォルニア大学ロスアンゼルス校のデイビット・A・バインダーという教授です。この人は「クライアントが沈黙したときは、相手の靴の中に入ってみよ」と書いています。

靴の中は暗い。身動きできない。であるのに相手の思いの強弱は、すべて靴の中の自分に、体重の強弱として伝わってくるでしょ。そしてそこに入れば、こちらが優位に立って相手のために何か良いことをして上げようか、なんていう思い上がった生意気な主導性とか、もっと悪い理論武装なんか、いっぺんに殺ぎ落とされてしまうでしょ。私はバインダーの言っている短い言葉を、そのような趣旨に捉えて感動したのです。

井上　すごく分かりやすい、いい表現ですね。「靴の中」とはね。

（口々に、「それ、もらっちゃった！」の声）

⑸　面接による少年の変容

波多野　私は、皆さんのやってくださった面接が、はたしてどのように少年たちに響いていっただろうか。どのように少年たちを変えていっただろうか。そんなことを、実は事前に調べておきました。

私は、各面接委員の先生ごとに分けて綴られている、「面接を受けて」という膨大な、面接少年の書いた感想文集を、何日もかけて、院長室で通読させてもらい、ここにそのメモを持ってきています。ほんの一部分ですけど、それだけでも皆様にお知らせしたいと思います。

少年A　今日の面接では殆ど沈黙の連続だった。沈黙していても、先生は、「どうして黙っているの」とも言わない。この次にはもっと話すようにしたい。

（次の回）　自分が嫌なことから逃げていることに気づいた。それだけではない。いろんなことに気付いた。とても嬉しい。

少年B　初めての面接だったが、笑顔で受け答えができ、素直に話せた。自分のいったことについて、お説教もなく非難もされず、ありがたかった。施設の先生以外の先生の面接は、やはり気分的に違う。次の面接の日までに、話題を考えておこう。

少年C　僕は内観で変わった。面接では、もっと変わった。生きていくために必要なことをたくさん教えられた。こんな先生に巡り会えたことを、心から感謝しています。

少年D　一ことひとこと、真剣に聴いてくださった。今までそういう体験をしたことはなかった。私のために涙を流しながら聴いてくださる。誰でもいい。少年院以外の人に聞いてもらいたかった。これが本当の気持ちです。次の面接の日が、とても楽しみです。

少年E　時に涙を流しながら、僕の悩みを一緒に考えようといってくださる。今まで張りつめていた不満が一気に消えてしまった。本当に今日は良かった。寮の先生には相談できない悩みが、このようにしてしょっちゅう相談できる制度を、院長先生は本当によく作ってくださった。

少年F　何度面接を受けただろう。いつの間にか、少年院に入って自分の問題で悩む自分を発見した。思いもよらないことだった。優しい先生の面接で、自分自身について多くのことを考えるようになった。

少年G　面接はいつでもあっという間に終ってしまう。自分の意見をみんな聴いてくださった。嬉しかった。心のもやもやが消えてゆく。僕はこれから自分自身について真剣に考えてゆこうと思う。自分について考えることからはじめれば、他人についても考えられるようになると思う。

少年H　もうこれで面接も八回になった。今では何でも打ち明けられる。面接を受けたあとは、とても気分が爽やかだ。今日は、どこの誰にも話したことのない秘密まで話した。失敗も気楽に話せた。

人間は一人では生きて行けないということを、今日、痛感した。人に助けを求めたとき、それに感謝する気持ちを持たなくてはだめだ。これからはそれを実行しようとおもう。

少年Ｉ　社会では、本当に困ったとき相談できる相手がいなかった。しかしここへ来て、やっと心の底から悩みごとの相談ができる先生に、何度も会えた。この先生から、自分を大切にすることを教えられた。自分を大切にするとは、自分を成長させることだと思う。困難から逃げ出してはいけない。

少年Ｊ　先生とお会いするたびに、僕は別の空間で過ごしているようだ。先生と話しているうちに、僕はずいぶんとたくさんのことに気がついた。少年院にいる間、先生は、面接のときもそうでないときも、ずっと僕を見守っていてくださるんだ。

少年Ｋ　この炎天下、先生は毎週来てくださる。弱音を吐いたらいかん。苦しみから逃げたらいかん。耐えるのだ。

洗心寮（反省などのための調整寮）に入って三キロやせた。今が正念場だ。だから先生は毎週来てくださるのだろう。

今日は、「大人になったね」と言われた。嬉しかった。

（出院の前日の少年Ｋ）

僕が絶望しているときなど、先生は、少年院の先生に、「よろしくたのむ」と言って帰られたことがよくあったということが、最近になって僕の耳に入った。胸が締め付けられる思いだ。

なんという熱い愛情だろう。先生の笑顔を見ると、暗く濁った心も吹き飛んでしまう。先生は僕に光を与えてくださった。希望を持たせてくれました。先生は、少年院での僕の母だった。

この世で僕が先生に会えたことは、ジャンボくじで一等を当てるより難しいことだと思う。明日は出院だ。これもみな先生のおかげだ。

（少年Ｋのその後）

少年Kは、在院中三七回の面接を受け、洗心寮に出入りを繰り返し、出院後定時制高校にパスしようと夢中で勉強を続けた。そして平成三年三月、見事定時制高校に合格した。もし万一進級が三か月でも遅れていたら、彼はその幸運をつかむことはできなかった。

(6)　面接カウンセリングの意義

波多野　私は、面接を受けたたくさんの院生が書き残した面接感想文を読みました。胸がいっぱいになり、涙をこらえることができませんでした。

少年たちが出院の時残して行ったこのファイルは、ここにおられる五人の先生の宝物だそうです。私は思うのです。これは単に五人の先生の宝物にとどまらない。少年院の宝物ではどうだ。いやいや、もっともっとたいせつな物だと。

薄幸で、しかも、最も価値の少ない少年と、愛に満ちた篤志面接委員の魂のふれあいの記録です。恐らくこの世で最も価値ある宝物だと思います。

司会　五冊のファイルがそんなに重たいものだったとは。今はじめて気づかせていただきました。私たちの先達が残してくださった、この篤志面接委員という制度が、こういう分野で、人知れず光り輝いていることを改めて深く認識させていただきました。

私たちも、私たちの関わっている少年矯正という仕事の意義に、おおきな誇りを持って取り組む力を与えられた気がいたします。

しかし、それでも私は、今もなお呆然となっています。

五人の先生方はこの面接のお仕事を、「あたり前」を超えて、「ありがたいこと」として受け取っていらっしゃいます。

そこまでに先生方を駆り立てるものは一体何でしょうか。今日は、是非、そこのところを教えていただきたいです。

井上　面接をさせて頂いている私たちの方では、少年から教えられることばかりです。このようなお方から、おおきな信頼と尊敬を受け取るこのお仕事は、言葉が適当ではありませんが、宗教性を伴う深い感謝と感動につながり、今の世の中では、この少年院での面接という仕事以外では、到底出会うことのできない、得難い神聖な仕事だと思います。

長尾　私たちの面接しております少年たちは、自分を認めてもらおうとして自分を深く傷つけている。彼らに接しますとき、心からいとおしさを感じますね。また、面接を受けた少年が書き残してくれた感想文や手紙、さっき波多野先生が読んでくださったもの。嬉しいですね。ああ、この少年に会えてよかったとしみじみ思います。

日常の生活の中で落ち込んだとき、私はよく少年から頂いた手紙を読み返します。そうしますと、些細なことで悩む自分が恥ずかしくなります。

嘉数　長尾さんでも私でも、少年に元気付けられているわけね。

長尾　そうそう。ですからこうして少年に面接させていただくことに限りない感謝を覚えます。

堀　ある日、祖母の死で気落ちしたまま面接に行った時のことですが、少年はめざとく感づき、私を慰めてくれたのです。このような敏感な少年と、心の交流を持たせていただくことは、本当に感謝です。少年から頂いた手紙は、私の宝物です。

太田　私も少年たちから手紙を頂いていつも励まされます。皆さんがみんなそうであることを今日知らせていただき、とても嬉しく思います。

波多野　おと年（一九九〇年）の秋、私はドイツのアーデルスハイム少年刑務所の見学に行きました。そこの

寮舎の壁に、格調高いドイツ語で、

Liebe mich, wenn ich es am wenichgsten verdiene;

Denn dann brauche ich es am dringendsten!

私が最も価値少なき者であるとき愛してください。

なぜなら、そんな時にこそ私は最も切実に

愛を求めているのです。

という詩が、額縁におさめて掲げてありました。
この岡山少年院では、院内で最も価値の少ない少年たちが選り分けられ、五人の皆さんのところへ面接のために差し向けられます。
五人の先生方もそうですが、少年院の先生方もまた、まさにアーデルスハイムのこの気高い詩の精神を、そっくりそのまま実践なさっていらっしゃる。
だから岡山少年院が美しく輝く。万人に感動を与える。

（矯正広島三六巻二号、平成四年六月号から抜粋）

四　強盗少年の涙

(1)　まえがき

ある時私は、千葉市近郊のＡさんを尋ねた。Ａさんは私をお茶室に導き、そこで次のようなお話をなさった。

「波多野先生は、私の命の恩人です。こんなことを他人にお話しするのは初めてのこと。実は主人にだって昨夜初めて話したことです。私は今から約一〇年前、岡山市にいた時強盗に襲われました。とても怖い体験でした。今までに何度か主人にだけでも話しておこうと思いましたが、昨日までやっぱり話す勇気がありませんでした。今から一〇年前の一九八四年、当時私が住んでいた岡山のマンションに強盗が入りました。でもその強盗は涙をふきながらすごすご帰ってゆきました。」

Ａさんのこのお話は、普通ではめったに起こることのない異常な出来事だ。

読者の皆さんに、出来事の一部始終を、なるほど、だからそうなったのだとわかっていただくためには、幾分かの説明を加えなくてはならないと思う。

(2)　少年院生の意見発表会

その頃、岡山少年院ではいろんな行事があった。その中でもきわだって人気の高かった行事は、「社会を明るくする運動月間」の最終日の七月末に行われる、「意見発表会」だった。これは、各寮から選抜された一八人の少年が、それぞれ持ち時間五分で自分たちの考えていることを発表する会である。

会場には五〇人あまりの院生だけでなく、篤志面接委員、教誨師、いのちの電話相談員、更生保護婦人会などといった関係団体の人々が居並び、その脇には、一〇人ほどの審査員が控えている。

壇上に立つ少年たちは、恐らくそれまでの人生では、そんな高い壇のうえに上がり、沢山の人々の前に立って自分の考えを話すとか、これからの自分の生き方について決意を述べるなどという体験をしたことはあるまい。学校では「お客様」として格好よく無視され、地域社会では暴走、シンナーなどで、ひたすら憎まれ、毎日を、突っ張った気持ちで生きてきた「有害無益」の犯罪少年たちだったはずである。

その日は少年たちが主役だ。壇上に立ち、「皆さん、聴いてください」と叫ぶ。

彼らの両手の指は、一〇人が一〇人ともピシッと揃い、真っ直ぐ伸びている。

その両眼はキラキラと輝いている。罪名を聞いただけでも人々は縮み上がってしまう、そういう少年たちの、心の底からの反省とざんげの告白が続く。

「日本のどこに、こんなに優しさと深い愛情をもって導いて下さる学校があるか。」

聴衆はみんなハンカチで、涙をふき拭い聴いている。来賓の岡山地検検事正もまた、メガネを外してはしきりにハンカチで涙を拭っていた。

来賓の講評として最初に壇上に立ったこの検事正は、声を震わせ、とつとつと何かを語ったと思うと、院生たちに対し、恭しく頭を垂れ、「今日は、ありがとう」と感謝の言葉を述べ、壇上から立ち去った。その声は、かろうじて聞こえる程度でしかなかった。

岡山県教育庁の指導主事は、「発表者全員に満点をつけてしまった。今日のこの感動は終生忘れることができません」と、彼もまた少年たちに深く感謝した。

いのちの電話相談員たちは、少年院差し回しのマイクロバスで、毎年この会に出席させていただいた。引率責任者である事務局長の私は、「各自ハンカチを忘れないように」と、注意を呼びかけていた。

意見発表会が終わると、いのちの電話の研修員たちは、てんでに少年に宛て、感想文を書き送り、各人各様の手作りケーキを少年たちに贈り届ける。

それに対して少年からもまた、お礼の手紙が寄せられる。

「僕たちは、今まで人々に無視される中に生きてきました。今まで誰一人として、僕を応援してくれた人などありませんでした。だのにあの日は、こんなにも多くの人が僕の言うことを静かに聴いてくださいました。涙まで流してくださり、すすり泣いてくださいました。今の僕にとって、これはかけがえのない大切な思い出として生涯忘れられないことと思います。僕の母にも、この感動を知ってもらいたいと思い、いま、母に手紙を書いているところです。これほどまでに心に焼き付く感動を僕に与えてくださったのは、皆様のおかげです。度重ねてお礼を申し上げます。」

(3)　強盗少年の涙

それから四日後のことであった。この岡山少年院の行事に参加した、いのちの電話相談員Aさんのお宅に、一九歳になる大男の強盗が、土足のまま侵入した。Aさんは背丈一五〇センチ、体重四二キロの小柄で病身の女性だ。

強盗少年は、両手でAさんの首を締め上げたまま、彼女を後ろの壁まで突き飛ばして倒した。ころんだままの姿勢でAさんは、「私病気なのよ」というと、少年はもう一度Aさんの首を締め上げて彼女を立たせ、首投げでAさんをフロアーの上に投げ飛ばした。そして「一〇〇万円出せ」といった。

フロアーに投げ飛ばされたままの姿勢で、Aさんは逃げるすきをうかがうため、ふと少年の足もとを見ると、少年は土足のままだった。Aさんは、土足のままの強盗がすごく気になった。彼女は「靴を脱いで」と少年に言った。少年は素直にその場で靴を脱いだ。

「うちはサラリーマンの家庭ですから、一〇〇万円という大金はありません。四万円でしたら手元にあるので差し上げます。」彼女がそう言うと少年は、「どうしても一〇〇万円が要るんだ。」といった。

Aさんの脳裏には、今もなお四日前に体験した、岡山少年院院生たちの、純真なイメージが、鮮烈な姿かたちで残りつづけていた。どこかにあどけなさの残ったA君と、四日前に心に刻み込んだ、その時の院生たちひとり一人の姿が、この少年と二重写しになった。怖い罪を犯して収容されていた少年院生たちは、あんなにも純真に真情を吐露した。いま自分の目の前で強盗を働こうとしている少年は、きっとこの暑さで頭がおかしくなっているのかもしれない。そう思ったとたんに、Aさんの心から恐怖や興奮がスーッと引いて行くようだった。

Aさんは少年の首にかかっているネックレスのあたりを見た。そこには玉の汗が噴出していた。Aさんは起き上がり、冷蔵庫からおしぼりを取ってきて少年の、その汗を拭いてやった。そして正座し、少年に言った。

「貴方がそれだけ多額のお金がおいりになるというのには、きっと深い訳があるのだと思うわ。もしよかったら、私に聞かせてください。」

Aさんにそういわれると、強盗少年はAさんの前に膝を折って正座した。そして自分は両親ではなく、叔父、叔母のもとで育てられたこと、高校を出て岡山市に働きに出たが、怖い人との関係でそれだけの大金が必要になったことまでを、話して聞かせた。その時、少年が一九歳であることも分かった。

少年は長い話をした。Aさんは、少年の言うことを相槌を打ちながら頷きつつ傾聴したといわれた。だから細かな言葉遣いの端々までも覚えておられた。さぞ真剣に聴かれたのであろう。少年は語りつつ次第に言葉を詰らせるようになり、涙は流れ落ちるにまかせていた。少年のジーパンが見る見るうちに、涙で黒く濡れていった。

「今日はこんなに暑いでしょ。ここに四万円あります。これだけでも持っていらっしゃい。そして涼しいホテルにでも入って、明日まで一泊して考えてみたら。」

とAさんが親切にいうのを少年は丁寧に断わり、涙を拭きながら、玄関まで靴を持ち、そこでその靴を履いて帰っていった。

あれだけのひどい暴力を振った土足の強盗少年が、二〇分後には、Aさんの前で靴を脱ぎ、膝を折って正座し、涙しながら長い身の上話をし、脱いでいた靴を持ち、玄関でその靴を履き、軽く会釈をして帰ってゆく。強盗少年の姿が視野から消えたとき、Ａさんの腰がぐらぐらっと崩れ、しばらくは足が萎えて動くことができなかった。

夕方買い物に出たとき、同じ年頃の少年に出会ったとたん、Ａさんは再び足が萎え、地面にしゃがみこんでしまったという。

(4)　優しさが感動を生む

Ａさんにとって、それはとてもこわい体験であった。もしあの時、恐ろしさのあまり、Ａさんがキャーとでも叫んでいたら、どんな事態に事が運ばれていたか知れない。レイプされたかもしれない。殺害されていたかもしれない。

その強盗少年の姿の中に、岡山少年院の純真な少年の姿が、二重映しになったためにＡさんは終始強盗少年に対して、優しい態度で対応し、冷蔵庫のおしぼりで、強盗少年の汗まで拭いてやるというゆとりもでき、彼が話す身の上話を、体を傾けて傾聴し、宿泊代まで渡そうとするゆとりができたのだ。

加害者も発生せず被害者も発生しなかった。

Ａさんは最後に、茶室で私におっしゃった。

私は波多野先生のお勧めで、あの四日前、岡山少年院の行事に参加し、こともあろうに、審査員にまで推薦され、一八人の少年の心の叫びを涙しつつ傾聴させていただきました。そして、審査員の一人として、彼ら全員に満点を与えました。だって、満点以外に、点のつけようがないほど、少年たちの叫びは立派であり、深く感動させられたのです。あの日、少年院にゆくのをサボっていたらば、今の自分はなかったでしょうと。

優しさとは、情緒の中にある、穏やかでしなやかなものだと思われている。優しさを、ただそのような文学的次元で捉えるだけでは片手落ちだ。

この物語に即していえば、岡山少年院生の示した優しさは、大きなエネルギーをもっていた。だから感動と迫力のイメージとして聴衆の心に作用し、人々を揺さぶった。聴衆の一人であったAさんの全人格にも作用し、強盗が侵入して来た危機に際しては、彼女を冷静な慈悲の人に変える力として作用した。

Aさんの冷静な慈悲の振舞いは、まるで修行を積んだ禅僧のたたずまいを描いた、一幅の墨絵を見るような気がする。

ただそれだけにはとどまらない。Aさんが少年院生から頂いたその優しさのイメージは、たちまち真夏の昼間に土足で侵入した荒々しい強盗少年の狂気を、涙もろい純真な少年に立ち返らせる力として働いた。

灰谷健次郎さんは、「優しさとは情緒の中にあるのではない。自分を変え、他人を変える力として存在する」と、いっている。

Aさんは少年院生の語る意見発表会の日に、少年たちから、ハンカチを絞るような美しく優しい、少年たちの心の叫びを聴き、大きな力を得た。

自分は少年たちの優しさによって変えられた、と思うその感動が、強盗少年に伝播した。その優しさと感動が強盗少年の心をも変えたのであろう（拙稿「強盗少年の涙」平成三年一〇月、刑政一〇二巻一〇号四二頁以下）。

後日談

二〇〇三年一二月末、Aさんが私の家に来られた。Aさんはその後一〇年も、あの時受けた精神的外傷で、黄色のシャツを着た男の子を見るたびに、脚がすくみ、動けなくなったという。そんな状態が何時まで続くのか不安で、ある日心理専門家の面接を受けた。するとその心理専門家は次のように言ったという。

「プロでない人がカウンセリングをやっても、通常三〇％程度のところあたりでお茶をにごすのがせいぜいです。貴方がこの事件でおやりになった強盗少年に襲われた直後の面接カウンセリングは、まさに一〇〇％以上です。誰も真似のできないプロ級の面接です。そんなことをすると反動が襲いかかります。時間を薬に、傷が治るのを待ちましょう。」

第五章　刑事被告事件の臨床

一　統合失調症被告人

(1)　止まることのない乱暴狼藉

一九八二年、隣人の自家用車のフロントガラスを、植木鉢を投げつけて壊した大橋一雄（仮名）が、器物損壊の罪（親告罪）で起訴された。隣人にとっては些細な犯罪であった。しかし大橋一雄は、そのうちにもっとでっかい犯罪をやらかすに違いない。村人たちは慎重に協議し、心神喪失で無罪になってもいいから、ともかく彼を部落から追放するために、先ずやって見ようということで、自動車のフロントガラスを壊された被害者に、告訴をお願いしたのであった。

一雄は一〇代の頃から精神障害者療護施設に、数回収容され、成人になってからは妄想性統合失調症のため、複数の精神病院に数回措置入院させられていた。しかし彼はどのように厳重に施錠してある病室からでも、難なく逃走し、手がつけられなかった。

大橋被告人の父は、日中戦争で戦死していた。母親は熱心な念仏者で、あちこちの寺院を巡り歩き、説教を聴聞し、数冊の聴聞ノートにそれらを書き残していた。一雄は職もなく、こんな篤信の母親に命じて四方八方から借金をさせ、職もなく遊び暮らしていた。

そうかとおもえば、札幌まで出かけ、そこから友人・知人・隣人に、五万円宛て送金させ、樺太犬を買い集めた。隣人が金を出し渋れば、その家に火のついた松明を投げ込んだ。この地方では、一雄のやる松明投げ込みを防ぐため、どの家でも、針金のフェンスを高く張り巡らせていた。

松明投げ込みによる放火の恐怖だけではなかった。彼は、墓地を巡り歩き、墓石を片っ端から崩し、暴き、骨壷の中の骨を墓地一面に撒き散らした。

信心深い母親は、息子の乱暴狼藉と、詐欺・恐喝の手先になるのを苦にし、裏の畑の栗の木に帯をかけ、首を吊って自殺した。

母親の自殺で少しは目が覚めるかもしれないと人々は望みをかけた。しかし一雄は、母のなきがらをコモ包みにし、縄で縛って軒下に放置し、一升瓶から、湯呑みや茶碗に酒を注ぎ、葬儀の手伝いに集まった近所の人々に「祝い酒だ。サア呑め」と差し出した。近所の人々は肝をつぶして逃げていった。そのあと彼は、大学病院に母のなきがらを献体に供した。

そのときの様子を親戚の一人が私に語った。「自分の人生で、これほどの怖い思いに包まれたことはなかった。恐怖のあまり体ががたがた震えたのを、昨日のことのように思い出します。」と。

部落の世話人たち数人が弁護人である私の事務所に嘆願に来た。

「わたしたちは、この数年来、頭の狂った一雄から何百万円もの金をむしりとられました。拒んだり、警察にたれ込んだりしたら、たちどころにその人の家に、火のついた何本もの松明が投げ込まれる。そのたびにボヤが起こりました。われわれは毎晩夜警をしていましたが、消防署や警察が遠いため、どの家の者も、枕を高くして寝たことは一晩もありません。今回は一雄を追放できるまたとない絶好のチャンスかも知れないと、かすかな期待を寄せ、部落中のものが相談し、車の所有者に頼んで告訴状を書いてもらい、検事さんにお願いして、一雄を起訴してもらったのです。みんな困り果てています。先生のお力で、一雄がこの部落から出て行き、二度と再びこの部落に姿を現さないように、よくよく言い聞かせてやって下さい。」

一雄は、法廷でも、傍若無人。勝手気ままな発言をした。

「おい、検事、この前俺のことを失火罪で起訴したろう。あれは俺の放火だ。今後はもっとまじめに調べてから起訴しろ。」

「裁判長、お前、寝てるんじゃあないか。」

「いいや、起きて聴いていますよ。」

「ならばいいが、目を開けてよく聴いてろ。」

なみいる傍聴人は、あっけにとられた。

⑵　刑務所内でのカウンセリング

私は刑務所長にお願いして、刑務所内の空き室を、特設カウンセリングルームとして提供していただいた。その部屋には、部長クラスの高官がかつて使っていたでっかい両袖机に、背もたれのある回転椅子が二組向かい合わせに放置されていた。

最初椅子に神妙な顔で腰掛けていた一雄は、やがて両足を机の上に投げ出し、そのうち、二つの机の上にまたがって身体を横たえ、机に肘杖をついた。カウンセリングをする私も彼とほぼ同じ姿勢になり、彼の脇に寝そべって話した。

「先生はどちらのご出身かね。」一雄は私の出身地を尋ねた。「広島県の上下町という、小さな町だよ。」私は答えた。

「そうですか。あそこには「タレユエソウ」という、小ぶりの可愛い野草がある。先生、知ってるかい。」

「いや、知らないなあ。子供のときから一七歳になるまで上下町にいたが、そんな野草の名前は知らない。聞いたこともない。」（本書表紙のカバーに印刷された草花）

「この花はな、やせた土地柄でないと育たない。あやめ科の花で、タネから育てないと根付かないのだそうですよ。株分けなどすると、たちまち全部が枯れてしまうんだって。」

これほど可憐で世にも不思議な「タレユエソウ」という草花の説明をする時の一雄の目許はひときわ緩み、温かそうに見えた。このときから、私は不遇な生活を送ってきた統合失調症の彼と友達になれるかもしれないという気持ちになり、その後の刑務所での「出前カウンセリング」が楽しみになった（愛情・美点の発見）。

(3)　刑余者のケースワーク

国選弁護人である私は、被告人に、「君が心神喪失状態で本件の犯罪を犯したと主張しなくていいか」と尋ねた。彼はもちろんそれでいいよ、と承諾した。

大橋被告人は求刑通り、懲役三月の実刑判決を受けた。彼は三月の刑を満期まで努めて出所した。

一雄には両親も兄弟もいない。寄る辺のない刑余者である一雄には、出所したら元の国選弁護人の僕が、君の生活について一切の相談に乗るから、気軽にやっていらっしゃいと、話しておいた。

刑務所から出所してきた一雄の態度は、まるで生まれ変わったようにおとなしい社会人として私の前に現れた。そして早速私に、ケースワークの課題を提供してくれた。

大橋は言った。

「先生、僕はもう、精神病院での陰惨な生活にも飽きた。娑婆での、詐欺・恐喝一本の日暮らしも、いやになった。第二種免許を取って長距離トラックの運転手をやりたいと思っている。郷里（岡山県）から遠く離れた博多あたりに住み、これからの一生を、まじめに働いてゆきたい。郷里にはもう絶対に帰りません。先生、僕に力を貸してください。」

「君が郷里を捨てて新天地で汗を流すというのなら、願ってもないこと。僕は喜んで協力するよ。」

彼は重症の妄想性統合失調症のため、トラックの運転免許は「永久取消処分」になっているという。そうなると彼の統合失調症が緩快したということで「運転免許永久取消処分」を取り消し、新しい第二種免許を新規に取得しなくては、彼が新天地を開くことはできない。

私は、最も権威ある人情家の精神科医にしかるべき鑑定書をお願いし、一雄の運転免許永久取消処分の取消手続きをとった。ものの一週間ほどで、彼はピカピカの第二種運転免許証を入手し、それを私に見せに来た。

彼は博多に住居を構え、博多と東京の間を長距離トラックで飛ばしている。

「君のことだから、相当の交通事故も体験したろうな。」と尋ねると、「先生、高速道路の上には人間は一人もいないよ。」彼はからからと笑って答えた。

それからおよそ二〇年。彼はときおり私に電話をくれ、家に来てはお土産だといって、ヘルメットや手ぬぐいや、得意の風景の写真を置いてゆく。

⑷　精神病軽快のメカニズム

カウンセリングの要諦は、クライアントの傍にいて、何もしないことである。ただし共感することは必要だ。私の共感理論は、「クライアントの立場に立ち、クライアントに感情移入する」などという高尚な理論には拘束されない。

クライアントのたたずまいの中に、愛情・美点・長所を発見し、素直な気持ちでほめてやり、クライアントを心から好きになりさえすれば、クライアントの持つそのような特性は、あっという間に伸びて行き、広がってゆく。

子供のときから育て上げてきた彼の強固な妄想は、どんな治療を受けても恐らく一生消失することはないだろう。妄想が消失しなくてもいい。妄想が彼の社会生活になんらの障害ともならないような人づくりをするのが私のカウンセリング技法（理論）である。

昭和時代の精神科医は、患者の持つ病名を的確に探り出して診断することで殆どその仕事の大半は終わっていた。その精神病を治そうとしても、薬物の投与以外の手段は極めて限定されていたように思われる。

妄想性統合失調症をカウンセリングだけで治すという私の、簡単で、しかも確実に効果の発生する技法のさわりのところをお話ししよう。それは新聞紙一枚あれば、レクチャーができる。

一枚の新聞を六つ折にする。すると新聞紙は、ポーカーサイズのトランプカードの大きさになる。妄想を持った統合失調症の病人である大橋一雄は、四〇年近くの間、精神障害者差別の充満する社会に生き、ありとあらゆる人たちから差別に次ぐ差別をされ、折りたたまれ、圧縮され、徹底して縮められた。

新聞紙一枚の広さが平常人だとすると、彼はトランプカードの大きさにまで折りたたまれたように縮かんでいる。しかもその縮かんだ部分一面に、大筆で、墨黒々と「妄想」の存在を示す×印を書き込まれた人間として生きていた。だから、彼の心は、たとえ母が自殺したとしても悲しくなどならない異常な人間として行動せざるを得なかった。トランプ一枚の大きさしかない人間だ。

私はトランプ大に折り畳まれた「一雄という新聞紙」を、カウンセリングの際に、褒めて褒めて、遂に新聞紙一枚の大きさに広げて行った。

彼は私の、無二の友人になった。「誰故草」のお陰である。

するとどうだろう。

大筆で墨黒々と書き込まれた妄想の×印は、新聞紙一面に、不均等に広がっている印刷模様にカムフラージュされ、その記事に埋り込み、溶け込み、×印の汚れが仮にあったとしても、殆ど気にならなくなる。

このようにして私のカウンセリングは、クライアントの、愛情・美点・長所を発見して心から褒めそやすことにより、彼の潜在的可能性を、彼自らが、自信をもって新聞紙を広げてゆくように伸ばしてゆく。弁護人は、「褒める」という、ほんの少しの援助をするにとどまる。

人の潜在能力についてそれが大脳生理学的に正確に測定されたことはかつてなかった。しかし凡そのところは普通の人の場合、現時点の何十億倍もあることは間違いない。新聞紙にでっかい×印を付けておいても、ポーカーサイズ大から、新聞を元の大きさに広げただけで、その×印は、ものの見事に全く目立たなくなる。

人間の潜在能力がカウンセリングによって発現し始めると、それが現時点の病的状態からその一〇〇万倍、一、〇〇〇万倍にまで広げられるのは、訳もないことである。そうなると、真っ黒な汚点として世の人々から忌避されてきた「妄想部分」の占める比率は、新聞紙上に置かれた、黒い碁石大の汚点でしかなくなる。

刑務所内で私が行ったカウンセリングのとき、一雄は、私の生まれ育った懐かしい郷里以外ではめったに育つことのない「誰故草」(本書表紙のカバー口絵参照)の話を、詳しく、また、懐かしげに話してくれた。私はこれだけやさしい愛情を寄せてくれる被告人のためなら、故郷の人々から石もて追われたってそれがなんだ。僕は彼の心の友になり、彼が普通の社会生活のできる人間に戻るまで、どこまでも寄り添ってゆくぞという、熱い気持ちが湧いた。

刑務所内で一雄が話してくれた「誰故草」のお話は、それほど私の心に染み込み、心のエンジンを起動させるいいお話だった。この時彼の愛情に対する共感が、彼をエンパワーし、彼の巨大な潜在的能力を瞬時に引き伸ばし、社会生活への適応に必要とするエネルギーの灯を点したのだ。

二　覚せい剤被告人

(1)　老子の言葉

前項では、少年期のころから続いていた妄想性統合失調症の被告人に、カウンセリングを行い、その後さらに社会復帰のためのケースワークを行うことによって、隣人からあれほど恐れられていた一人の凶悪な犯罪者を、一人の社会人として更生させたことについてお話した。

私がこのような臨床体験を語ると、多くの人は、それは波多野二三彦というカウンセリングの名人だからできたのだ。そんなことは千、万回に一つあるかないかの偶然に等しい。並の人にはたやすく出来ることではないと言う。

弁護士たちは前項のようなケースの成果を、「偶然」とか「名人芸」の所産にこと寄せ、他人事として顧みようとはしない。そこに臨床法学の抱える大きなデッドロックがある。

私が先に述べたような、劇的な人格的変容の効果について、河合隼雄氏は、老子の「無為にして化す」という言葉を引用し、そのようなカウンセリングの効果が発現する根源の姿勢について、概略次のように述べている（『宗教と科学の接点』岩波書店）。

どんなに妄想や幻想をもち、荒れ狂っている患者に対しても、これをこちらが治そうとするのではなく、こちらが自らの中心を外すことなしに、ずっと傍にいると、だんだんおさまってくる。しかし、中心を外さずにいるとか、何もせずにいるということは、エネルギーのいる仕事だ。と。

河合先生がいわれるように、何もしないかのような寄り添い方には、実は莫大なエネルギーがいることは間違いない。しかし河合先生ほどの大家が、この話を老子の言葉にことよせ、ただこれだけで打ち切ってしまわれると、誤解が生じかねない。臨床法学はここでストップする。河合先生の言葉には、少なくとも二つの、人を惑わせる要素が含まれている。

第一　河合先生がこのような場合に、老子の上記のことばを引用されるのは適切でない。あえていうなら、少し言葉を変えて、「無為にして成る」とでもいうべきだろうか。なぜかというと、引用された老子の言葉の意味は、聖人君子の徳の効用・効果についてのお話に他ならないからである。聖人君子は特に人々を教化しようと思わずとも、自然に人を教化改善する力があるから、何をしなくても人々を更生させる力を発揮するという趣旨だ。私のような平凡な弁護士が妄想性統合失調症の患者を社会に役立つ人として更生させ得たのは、少なくとも「人徳の力」とは関係がない。それは、「愛情・美点・長所」の発見という、カウンセリングという技法のもつ、感化力、感銘力の成果にかかわることがらである。

第二　ややもすれば人々は、カウンセリングの奥深さを人徳に結びつけたり、精神医学の専門的知識に結びつけたがる。そうして心理臨床の実技に専門的重みを付けようとする。しかし前節のように、並みのカウンセリング臨床技法やケースワーク技法で事足りる問題にかかわることがらを、ことさらな神秘のヴェールで覆ったりすべきではない。そんなことをするから、心理療法やカウンセリングの臨床に疎い人びとは、この分野から逃げ腰になる。百害あって一つの利益もない。

以下そのことをはっきりさせるために、私以外の、ごく普通の商売人の市民がやって成功した、刑事事件のカウンセリング臨床についてお話したい。

(2)　専心傾聴の義兄

豪農・有徳の家柄に生まれ育ったKは、三代目によくある話だが、農業などには見向きもせず、絹のスーツに白のエナメル靴を履き、ベンツを乗り回し、ＪＲの貨車からポルノ本を盗みとって売り歩き、あるいは偽ブランド品の販売で暴利をむさぼっていた。
そのうち覚せい剤で連続二回逮捕され、拘置される身となった。
真面目なことで有名な豪農一家の人々は、Ｋの存在を深く恥じ、面会も打ち切った。
そのような中で、被告人の義兄Ｔ氏はただ一人、Ｋの更生について望みを捨てず、Ｋの再度の執行猶予に望みをかけ、彼を更生させたいので力を貸していただきたいと弁護人の私に懇願した。私は即座にその義兄に言った。

Ｋはもはや弁護人の力では救いがたい段階に達している。彼を救えるのは、恐らくＴさん、あなた一人だ。義兄さんが心を空っぽにしてＫの言うことを専心傾聴することだけが、Ｋ更生のカギとして残されています。

毎朝、開門とともに拘置所に面会に行きなさい。Ｋは貴方にも反抗心を抱いています。貴方の方でも言い分は山ほどあろう。しかし貴方の方からは何もしゃべらず、彼の怒りを黙って傾聴し、吸収し受容し、体でうなづくだけの面会を毎日、欠かさず続けてください。「誠心誠意」とか、「良くしてやろう」の下心は絶対禁物。

あるいは、耐え難きを耐え、忍び難きを忍び、歯をくいしばって、忍の一字で頑張ろうという傾聴のふりもまたＫには毒素として作用する。そんな面会・面接だったら、荒れて自分の心が見えなくなっているＫは、貴方の誠意、真心、忍の一字の中に、「Ｋに対して何かを期待する下心」を、敏感に嗅ぎ取り、Ｋは途中からとっとと逃げて行きます。

ただひたすらの傾聴あるのみ。そうすればＫの態度には何らかの劇的変化が生じます。そうなればＫは、ダブル執行猶予を得る可能性が出てきます。

Ｔ氏はそれから連日のように拘置所に一番乗りし、面会室では怒鳴りまくるＫの言葉に、ただうなづくのみで、一言もしゃべらず、徹底して空ろな、無為に次ぐ無為の二五日間の傾聴を成し遂げた。
二五日目の朝、Ｋは、「義兄さん、俺が悪かった。義兄さんと毎日会っているうちに、自分が如何に間違っていたかが良くわかった。堪忍してください。もう、面会に来るのは止めにして下さい。お願いです」

このように、T氏は、怒鳴り散らす被告人Kの言うことを、毎日ひたすらに積極的に傾聴吸収した。義兄のこのような専心無為は、二五日目に、Kをして遂に何事かを悟らしめた。

(3)　被告人の変容

被告人Kは、このようにしてTさんの、無為・絶対的傾聴によって転機をつかみ、回心し、再度の執行猶予判決を得て出所した。

それから満一年が経過した。Tさんから夕食を差し上げたいと言われ、レストランに入り、「義弟のK君はどうしていますか。相変わらず犯罪すれすれの仕事に浮き身をやつしているのでしょう」、と問うた。Tさんはおっしゃった。

「彼は執行猶予を得て出所したその日から、県営住宅の各戸を、軽トラックで回り、塀や、樋や門柱などを修理して歩く、しがない個人企業に就職し、汗と脂で作業服を真っ黒にして働いています。これも先生のおかげと思い、今日はお礼のつもりでこの夕食にお招きしたのです。

私はまさかそんなことが一年前に起こっていたとは露知らず、Tさんにお会いしたとたんに、ひどい予断でいきなりKの悪口を言った。そのことを心から詫びた。

その年の年末に近いある日、私は「ダイエー」の店の中を歩いていた。すると、後ろから「センセー、センセー」と呼ぶ声がするので振り向くと、そこにはK君と、そして行方知れずになっていた彼の妻と二人の幼い娘が立っていた。

それを見たとたんに私は、感動の涙がどっとばかりに胸に逆流し、胸が詰まり、K君やその家族に一言の声をかけることすら出来ず、涙をかくしてその場を立ち去った。

間もなくＫは、真面目さを買われ、保護観察（四号観察）を解除され、巡回御用聞き会社の社長に抜擢された。

Ｔさんは小さな食品製造会社の役員に過ぎない人であり、カウンセリングの何であるかも、絶対傾聴の何であるかも知らない人だった。そんなカウンセリングのど素人であってもこのような危ない橋ばかりを渡って渡世してきた、義弟にひたすら傾聴することにより、覚せい剤連続自己使用によって心も体も汚染されていた狂人に近い義弟を改悛させ、劇的に更生させることが出来たのである（拙著『カウンセリング読本』〔信山社、二〇〇三年〕二三四頁）。

三　精神障害者刑事事件のケースワーク

(1)　三重苦の被告人の両親殺害

病身で身動きできない父と母、それに一人息子の健太（仮名）が暮らしていた竹やぶの中の一軒家は、昼なお暗く新聞配達の店員しか訪れる人もいない。

その家には水道設備も炊事場もなく、それは家屋というより作業小屋に近いものだった。そこで、息子Ｋによる残虐な親殺し事件が起こった。

健太は若い頃統合失調症で長期入院したこともあったが、この一〇数年間は、軽快し、脳梗塞で身動きできない母の介護をしながら従業員一〇〇人ほどの工場に働いていた。炊事が不可能な家屋だったから、母の三度の食事は、スーパーで買ってきたおにぎりと、ペットボトルのお茶であった。母子は一枚の毛布にくるまって寝た。母のしもの世話も健太がした。家のトイレには母の紙おむつは捨てられない。ポリ袋に入れ、家の脇に積み上げた。

そういう時期に、健太が雇われていた町工場の社長が、長年にわたって精神障害者を雇用した功績により、町役場から表彰され、その記事が町の広報誌に掲載された。ある日この記事に健太の眼がとまった。健太の全身から血の気が引いてゆく思いであり、しばらくは脚も立たなくなった。

彼は長年、自分が精神障害者であることを、ひた隠しに隠し通してきた。それが町の広報誌の、こころない記事によって暴露された。健太は生きてゆく気力を失った。

工場を無断で欠勤し始めた健太は、新聞さえも読む気力はなく、以来ただ呆然として、一家の行く末を思った。精も根も尽き果てていた健太のもとに、入院中の老いた頑固な父親が、入院先の病院長と喧嘩をし、こともあろうに強制退院させられ、健太と母の住むこの家へ帰されてきた。

このようにして、健太のもとには、三つの不幸が相前後して押し寄せた。

健太は、広報誌による暴露で完全に打ちひしがれ、絶望に呻吟しているところへ、寝たきりの老父母の介護に連日連夜、勢力を注がざるを得なくなり、健太としてはそれ以後、どのようにしたら自分を含めた親子三人を、この世から消し去ることができるだろうかと、それのみ思い惑う日々が続いた。

(2)　惨劇の決行

「お母さん、僕は生きる力を完全に失った。僕は死にたい。しかし僕が死んだらお父さんもお母さんも、その日から生きて行けなくなる。だから先ずお父さんとお母さんを殺す。その後僕が自殺する。お母さんは、それ、どう思う。」

「私はお前に殺されることを心から願っているよ。あそこの石臼で私を叩いて殺してくれ。」

健太は、刃の太い根きり鍬を父の顔面に数回内打ち下ろして惨殺した。血潮は部屋一面に飛び散った。次に健太は、母の首を絞めて殺し、そのあと母の鏡台から白粉と口紅を取り出し、母の死出の旅への薄化粧をした。

次いで健太は自動車で死地を求めて出かけ、橋から海への飛び降り自殺の場所をあちこち探しつつ彷徨したが、深夜まで人の往来が絶えず、やむなく車を山中に走らせ、車内にあった小さな菜切り包丁で心臓を何回か突いた。しかし、たまたま通りかかった村人に、全身血だらけで瀕死の重傷に、息も絶え絶えになったところを発見され、病院に運ばれ、一命を取りとめた。

私がこの事件で国選弁護人を受任した頃には、このあばら家を取り巻く竹藪の筍はすべて竹になり、竹が惨劇の家に近づく小道を塞いでいた。

近隣の人々によってすでに死体だけが片付けられていた。血糊の付着した父親の布団はそのままであった。二人が殺された家の門口には、卒塔婆も立てられていた。

父親が惨殺されたときの血しぶきは、布団の上だけでなく壁にまでも飛び散っており、天井の板は垂れ下がり、昼なお暗い惨劇の現場には、鬼気迫るものがあった。

(3)　ケースワークの必要性

被告人健太は、裁判長の質問に対し、これ以外には方法はなかった。自分は十分に考え、最善の方法を選択して両親を殺害したと答えた。しかし、鍬で顔面を叩き割るというのは、いかにも残酷に見える。他に方法はなかったか。という裁判長の質問に対しては、握力の弱い私が、父の首を、もし絞め損なったら、父は私の犯行を押し止めるだろう。だから、あのようにせざるを得なかった、と、述べた。

被告人健太は、何年かの刑が終えると「殺人者」と後ろ指をさされる、前よりももっと生きづらい社会に復帰する。両親の残した遺産についての相続権を、この犯行によって法律的に剥奪され、死に損ねた健太は、仮出所後、どのようにして彼の余生を生きてゆくべきか。

これだけ世間の耳目を引く惨劇が行われた後、息を殺して潜んでいるであろう親戚筋の人々を探し当てるという仕事は、国選弁護人としては容易ではない。

そういう中に、仏門に帰依した遠い親戚筋のご婦人が、法衣を着け数珠を手にした姿で私の前に現れた。私はそのご婦人に言った。

「仏門に帰依した貴方は、死者を弔うことももとより大切なことだが、今はそれよりももっと大切な仕事がある。健太の社会復帰についての奉仕です。

健太の父名義になっている休耕田二町の所有権は母親の相続人に行くはずだが、相続人が現れることは先ずなかろう。貴方は健太の代理人となり、○○家の土地登記簿謄本をよく調べ、残された田圃を近隣の農家に譲り渡し、その代金で、精神の病から完全に回復しているとはいえない健太が、仮出所後、やがて入所するであろう更生保護施設などで送る最低限度の余生を作ってやってください。そのような刑余者の生命維持の基本的な仕事は、刑余者を作ったお国の更生保護委員会や保護観察所などでは、手をつけることはないのです。」

⑷　悲劇発生の要因

この事件の発生要因について顧みると、およそ三つの要因が浮かび上がってくる。この要因によって、人々はみすみす健太一家を死に追いやっている。

第一には、町のやった善意に満ちた犯罪行為。町は広報誌に、健太の重大なプライバシーを暴露し、健太から職を奪い、生きる希望すら摘み取り、両親殺害へと追いやった。「善意の敷石は、地獄に至る。」

第二には、前記のような家族事情の中で、病院長が父親を自宅に強制退院させたこと。

第三には、健太を担当する、町の保健士の任務解怠。健太の精神障害のアフターケアーのため、健太を訪問し続けていた保健士のおざなりの訪問看護責任。

この三つが本件惨劇の、重大な要因になっている。

母親の介護で疲れきっている環境下に、さらに重症の父親まで強制退院で戻され、健太は、身を粉にして介護しても果たせないほどの仕事を引き受けた。

そこへ訪問した保健士は、「健太さん、別に変わったことはないわね。」

「はい。別段。」「じゃあ、頑張ってね。」

と、おざなりな会話だけして帰っている。

保健士は、健太が、町の広報誌でどれほど精神を傷つけられたかを、時間をかけて傾聴し、苦しい日々の介護の生活や、苦しい精神障害者の心中に思いをいたし、保健士としてその手立てを講じてやるべきであった。

「刑法よりも、よりよい法律」。教育刑論の牧野英一博士はそういわれるだろう。刑法よりよりよい法律は、本件にはあることはあったが、死んでいた。

なぜか。健太を取り巻く三人の善意の加害者たちに、カウンセリングマインドが欠落していた。

四　科刑と医療福祉の接点

(1)　まえがき

一九五三年に西ドイツで新しい少年裁判所法が公布され施行された。

私は、その三年後の一九五六年、その全文とともに公的解釈基準（一九五五年制定）を翻訳してわが国に紹介した（単行本として、最高裁家庭局刊『西ドイツ少年裁判所法及び同法基準』）。

その翌年私は、西ドイツ少年裁判所法にいうところの、「少年の責任能力＝責任性（Verantwortlichkeit）」という概念が、教育可能性とか非実体的な教育福祉といった没倫理的な「適当な処遇」（appropriate treatment）という、新しい理念を浴び、絶えず後者から教育的・福祉的精神を受け取りながら、次第に自らの理論的厳格性を崩してゆくあいまいな概念であることを指摘し、ドイツ少年裁判所法の進路を予言した。その進路とは、今後次第に成人の責任能力（Zurechnungsfaeigkeit）概念を侵食もしくは変革する破壊力をもつに至るであろう。そのように予言した（「西ドイツ少年法に関する二、三の問題」法律時報二九巻八号二五頁、同じく「西ドイツ少年裁判所法および同法基準」家庭裁判月報八巻一〇号（一九五七年）二〇頁）。

私のこの予言は、ドイツのみならず、日本刑法の責任能力概念についても、やがて同様にあてはまる日が来るはずであると思いつつ、日頃の刑事事件弁護で、やりきれないほどの苛立ちの中を生きてきた。

なぜそうなのだろう。私の予言の趣旨を、もっと分かりやすく述べてみよう。

「刑事責任能力」という社会的・法的概念は、神戸のA少年に対する「カウンセリングの必要」などという大義に名をかりるなどし、次第に意味を失い、近い将来において、抹殺される運命にある。これが私の予言である。責任能力という観念論は、精神障害者医療福祉法的な医療体制が整備されるにつれ、次第に自らの内包する倫理的純粋性の矛盾を露呈し、滅び行く。

精神障害者福祉の分野における現行法、「精神保健及び精神障害者福祉に関する法律」の更なる進化を期待し、凶悪な犯罪を犯しながらも、刑罰の感銘力が効かない人々に、どのような医療措置を行うべきか、「適当な処遇」とか、「適切な排害」とは何か、それらが根本的に解決されなくてはならない。矛盾は来るところまで来ている。具体的な刑事事件において、いまだに最高裁の判例に接することもない。しかし、責任能力に関する観念論は、少なくとも、私のような、精神障害者に対する科刑の、リーガルカウンセリング的臨床に関心のある弁護人にとっては、空疎そのものであり（例えば一二八頁(3)一行目の著者の言葉を見てほしい）、ただひたすらに純粋な理論刑法を、あざ笑うがごとき精神的混乱に陥れるだけである。

私自身の困惑は極限まで来ている。その困惑の極限の実態について、以下、私の扱った精神障害者に対する精神鑑定と科刑について述べることにしよう。

(2)　魔女の指示による殺人

Ｕ（二五歳）は、兄の家に同居し、新聞配達をした後は、自室に寝ころんで、一日中好きな本を読み、たばこを吸うという、気ままな生活に明け暮れていた。

当然兄嫁は、居候のＵに、ことごとくつらく当る。Ｕは次第に彼女に恨みをもち、彼女を徹底的に懲らしめてやりたいと思うようになった。

一九八五年ころのある日、Ｕは、白昼堂々と特大の出刃包丁を買い求め、それをもって兄夫婦の長男で、高校一年生のＥの心臓を一突きして殺害した。

被告人Ｕは、殺人罪で起訴された。殺人の動機ははっきりしていたし、被害感情も筆舌に尽くすことができないほど厳しいものだった。Ｕは、極めて簡単な簡易鑑定で、精神にはさしたる異常もないとして起訴された。

弁護人の私がＵに接見してよく尋ねてみると、彼は小学校六年生のころから魔女と交際しているという。このたびはその魔女から、断固たる殺害を指示され、本件犯行に及んだのだという。その魔女とはどこの誰だと尋ねると、二冊の大学ノートに、小学校六年時代からのＵと魔女との交際の歴史が書いてあるから、自宅から取り寄せて読んでみてくださいという。

取り寄せて読んでみると、なるほど小さな字でびっしりと書かれている。

魔女は二つのチャンネルの顔を持っている。表のチャンネルのときは、彼女の親切エネルギーは愛すべきものである。裏チャンネルで指示すると、例えばその幅五〇メートルの川をも跳び越せるほどのエネルギーをＵに与える。

ある日、たくさんの観客を集めて、その観客の前で、川の上を空中飛行する様を見せた事があった。川の真ん中あたりの上空まで飛んで来たとき、対岸の観客があまりにも多すぎ、着地するときＵの体が観客に衝突し、死傷事故が発生しそうな危険を感じた。そこでＵは両足で空気を蹴り、回れ右してもと来た岸辺に無事引き返して行ったこともある。

彼はこともなげに、珍無類のエピソードを次々聞かせてくれた。そして今回の事件ではどうした。魔女は何と言った。ハイ。その魔女（名前は失念）が、「お前それでも男か。出刃を買ってきて、甥を一突きして殺せ」と指示したという。

弁護人申請の精神鑑定医の鑑定書の主文は、「心神喪失」だった。しかし裁判所は心神耗弱と認定し、Uを懲役四年とした。

判決の四年後に殆んど「意味のない刑」を終えたUは精神病院に、当然のことながら措置入院させられ、以来一度も病院の門の外に出たことはない。

毎年数回、読書感想文を、彼一流の柔らかでしかもわさびの利いた筆で巧みに批評して書き送ってくれていた。病院のみんなが、彼の書評を読むのを楽しみにし、入院患者の多くが、彼の文才に感嘆した。

しかし精神病院での生活が長引き、Uの視力も根気も急速に衰え、健康をも害し、この三年間は音沙汰もなくなった。

このような案件の場合、裁判所の認定が心神喪失であろうが、心身耗弱であろうが、Uはどの道、受刑後は精神病院に措置入院で入れられ、しかも「自傷他害の恐れがある」として、その後は一生娑婆の空気を吸う機会を失う。

犯罪防止の効果をねらい、彼の親友や二人の姉たちが彼に対して魔女との交際を止めるようにと本件犯罪の前に働きかけたとしても、このような犯行の根源となっている意地悪な兄嫁との同居が継続する限り、犯罪の根はたやすく断ち切れない。

この事件を経験してからは、刑事裁判における精神鑑定というこの古典的な制度の意義がますます分からなくなってしまった。

多くの精神障害者は、入院期間のはっきりしない精神病院よりも、入所期限の明確な刑務所の方を、はるかに好む。特に、精神病院入院経験のある人々の場合、一度刑務所に入って、正門から大手を振って出て行きたいと熱烈に望むし、この傾向は今日でも、おそらくさしたる変化はあるまい。

私はこの事件の後、期待される刑事弁護人像とは何かが分からなくなり、精神鑑定は原則として求めない立場の弁護人となった。そのつもりで次のエピソードを読んでいただきたい。

(3)　母の夢を見る男

Cという精神障害者の犯した傷害致死被告事件があった。Cは、スタージ・ウェーバー症候群という難しい精神障害者で、幼少時、脳実質の手術を受けたが、改善不可能とみた脳外科の医師は、手術を途中で止めて縫合した。

Cは、幼稚園、小中学校は、普通に通ったが、その後は、保養施設での生活が長かった。保養施設は毎月、一万円の寮費を徴収していた。

一九九三年ころのあるとき、施設の寮費支払いでトラブルがあり、Cはそのことで母親を責め、Cの苦情に真面目に取り合おうとしない母と口論になり、激昂したCは、携帯用のラジオで母の頭を強打し、母を死亡させた。弁護人である私は接見のとき、被告人Cが毎晩のように母の夢を見るというので、その夢の内容についていろいろと尋ねた。

Cの見る母親の夢というのは、母に手を引かれて幼稚園に通い、母とともに楽しく遊んだ夢ばかりだった。

「でも、そのお母さんは、君に殴り殺されて、今はもうこの世にいないのでしょ。寂しくないの。」と尋ねると、Cの語る母との語らいの夢は、幼稚園時代の記憶でストップし、以後のことについては、何度尋ねても、夢を見たこともないし、母がいるとかいないとかなどは、自分にとって別になんの関係もないという。

弁護人の私のこころの中には、不安な感情が雲のように湧き始めた。

接見のときも誘導尋問を繰り返し、「やっぱり今は寂しいよね」「お母さんがいなくて悲しいよね」と尋ねてはみたが、Cはぴくりとも表情を変えようとはしない。

公判廷でも弁護人は誘導尋問を繰り返し、「お母さんがいなくて寂しいね、悲しいね」と繰り返した。戻ってくる返事は、まるでこちらの尋問が聞こえなかったかのような返事ばかりだった。

裁判所は弁護人に対し、しきりに精神鑑定の申請はしないのかと催促する。もう止めてくれといいたいほどの矢の催促である。それでも弁護人は精神鑑定をする適当な専門家がいないことを理由にして申請を徹底的に拒否した。

裁判所は、金沢大学名誉教授の山口博士に職権で精神鑑定の依頼をした。

山口先生の鑑定意見主文は、心身耗弱であった。鑑定人によれば、Cの大脳の器質的障害は相当に荒廃に達しつつあるとの見解だった。それはどうでもいい。問題は「刑の感銘力」の有無だ。

被告人は懲役二年の実刑を科せられた。しかしこの被告人の場合も、二年間刑務所暮しをした後、出所したところで、その後の一生を精神病院で暮らさねばならないことは、彼の家庭環境からして明らかだ。

(4)　裁判所・法務省のカラまわり

精神科の医師が行う精神鑑定は、一体何のために行われるのであろう。

法的正義の実現のためか。犯罪被害者にせめてもの慰めを与えるためか。

そのどちらも該当するとは思われない。

前記のような被告人に対する精神鑑定は、被告人の将来の犯罪防止にとって、一体、いかなる利益や意義があるのであろうか。

恐らく元受刑者Ｃは、その後ずっと精神病院の一室に無気力に蹲踞《そんきょ》し、うつろな目で中空を眺めつつ毎日の日暮らしを暮らしているであろう。

彼が医療刑務所で努めた二年の期間は、「悪に対し、刑というUebel（害悪）を与えなくてはならない必須の期間」だとでも観念論者の裁判所は考えているのか。実にばかばかしいお話である。刑の持つ感銘力がまるで効かないＣ被告人にとっても、裁判所は、被告人の、つるりとした自我力や彼の医療福祉にとって、はたまた被害者と加害者の家族たちにとって、それが意味ある鑑定だと言い得るだろうか。

裁判所は、莫大な費用と手間を要するこの精神鑑定という無意味な営みであることを、何時になったら気付くであろうか。

リーガルカウンセリングは、被告人の未来に目を向ける臨床的司法の意味をもつ。その観点から改めて精神鑑定の現行制度を見ると、裁判所は現行の精神障害者の人権とか福祉とか被害者の正義感情には全く無頓着に、「あとは野となれ山となれ」、という無責任主義に徹し、くる日も来る日も、無意味な伝統的法解釈をもてあそび、一途に楽しんでいる。

Ｃ被告人のような精神障害受刑者が収容されるのは、医療刑務所である。

かつて北九州市にある城野医療刑務所の所長であった原口直医学博士は、次のように述べている。

精神障害のある受刑者の中には、現在の精神医学の力のみではどうにもならない人がいる。それは、精神医学が心の病気に対してすぐれた治療手段を持ち合わせていないためである。しかし、現実にこれらの人々を世話しなければならない立場にある私は、完全な医学的治療手段が発見されるまで手をこまねいているわけには行かない。内観はこのような気持ちの私に与えられた救いの治療法である。（中略）私は相当数の内観受刑者が、生まれ変わったように立派になる姿を自分の目で見て、内観による治療を、何か人間精神の法則にかなった一筋のものがその底にあるからだと思うようになった（拙著『内観法はなぜ効くか』〔信山社、第三版〕二六八頁)。

昭和六〇年過ぎころまでは、殆ど全国の刑務所、医療刑務所、少年刑務所では、内観法を受刑者に適用し、再入率を通常の出所者の二分の一以下にとどめるという真面目さがあった(前同書、二二二頁、徳島刑務所では通常の受刑者の再入率が六一・〇%であるのに対して内観受刑者の再入率は三〇・四%であり、沖縄刑務所では、通常受刑者が八五・〇%であるのに対して、内観受刑者は二一・五%)。

しかし、最近では、受刑者が増大したことによるものであろうか、それとも矯正人の怠慢によるものであるのか、法務省の無関心によるものであろうか。矯正局はこれらの矯正施設における内観法による治療を堂々全廃したまま、知らぬ顔で過している。その無責任ぶりには言葉を失う。

精神鑑定に要する費用は、そのすべてが国民の税金からの支出であるから、前述のような、「後は野と成れ、山となれ」という、国家的無責任主義が、この精神鑑定の上に凝縮されたまま天下に晒され、裁判所・法務省の無為・無能は全国民に笑われている。

第六章　内観カウンセリング

Ⅰ　内観法と刑事裁判・矯正

一　リーガルクリニックと内観法

内観法は、人が一週間の集中的内観実践で自己洞察に至る技法である。

内観法は、今日、法務省傘下の刑務所における成人犯罪者矯正分野ではごく一部で、非行少年の矯正施設である少年院では、その大多数で行われている。私は、内観法を刑事裁判の被告人に適用している。

内観法という精神心理技法は、個性の異なる人間相互間のコミュニケーションにとって不可欠な要素ともいうべき、人と人との間の、「恩・愛文脈」を中心にすえた、東洋仏教思想のうえに構成されている。それは最近カール・ポパーや、団藤重光博士などが唱えている間主体性の哲学（Intersubjectivitaet）を基盤におく技法でもあろう。それは根源的な対立・拮抗を受け容れ、しかも自己自身の主体性保持を尊重しようとする哲学的方法として捉えられる（拙著『内観法はなぜ効くか』〔第三版〕三四頁）。

この技法はまた、先に述べた恩・愛文脈が中心的要素となっているために、欧米で生まれ発展させられてきたカウンセリングで重要な要素とされる「共感」の何であるかを、東洋人のわれわれに実践的に魂の底から体得させる優れた臨床技法でもある。

この技法は、二〇世紀中盤に開発された比較的新しい精神心理技法である。二一世紀に入った現在、その有用性と効果の検証は、精神医療と少年矯正の各方面で特に熱心に行われつつある。

しかし内観法は記憶想起技法を根底におく精神心理技法であるから、「記憶想起」に関する大脳生理学や認知心理学分野の研究の発達速度が比較的遅く、奏効機序と効果の双方についての内観法の原理的研究は、私一人を除いてはこの五〇年、世界中のだれ一人として、いまだにこれに着手した人はいない。だから、ただ一人の研究者としてこの道を行く私は、孤独である。

幸運なことに、臨床面では、今日、刑事裁判のほかに、医療、矯正の各分野で特に熱心に臨床的にその効果について検証が行われ、有益な検証の成果が学際的に次々と積み重ねられ、その真価は、今や日本を発信基地として、全世界に伝えられつつある（一九九五年以来国際内観学会が世界各地で開催されてきた。さらに、二〇〇三年には、第一回国際内観療法医学会が鳥取県米子市で開催された）。

本章では、専ら刑事裁判のリーガルクリニックの分野における内観法の臨床的有用性を、個々の具体的事例を織り交ぜながら説明してゆくことにする。

私は一九七九年、弁護士になってから、数え切れないほどの被告人を、内観法によって自立更生させた。凶悪な罪を犯した被告人に対し、自己洞察を実現させる力のある内観法の適用の成果は、目覚ましいものがあった（そのような事例については、拙著『内観法はなぜ効くか』、及び『カウンセリング読本』いずれも信山社刊、参照）。

吉本の開発したこの単純無比な、「高頻度反復想起」技法は、簡単にいえば、精神の高揚と自己洞察をもたらし、その両者を半永久的に持続させるものであるが、内観法の持つこの特性は、今日ようやく世人の関心を引くようになった大脳生理学の知見にも、よく適うものである。

大脳生理学の知見によれば、内観のような極めて単純な記憶想起を、極めて短日時、高頻度に反復累行すれば、その記憶想起による精神活動の効果は、短ければ数日にして消滅するが、長ければ三〇年も持続することが明らかにされている。

内観法の特性を、刑事弁護・矯正の分野で語るとき、それは凶悪・もしくは累犯常習の犯罪者たちに対し、人間各自のもつ、犯罪的悪性とともに、同時にこれに隣接する自分自身という人間の尊厳や周囲から寄せられる自分自身に対する人間愛についても、同時に深い気付きを与えるところに、何ものにも代えがたい有用性が認められる。

先ず典型的な刑事弁護における有用性の臨床例を一つあげてみよう。

一九九五年三月、都内で地下鉄サリン事件が発生した。その夏ころ、私は地下鉄サリン事件の実行犯の林郁夫に、前後四回、七時間にわたって面接し、内観法をすすめ、一定の成果を収めた。成果とは何か。彼がオウム真理教のマインドコントロールから離脱して素直にすべてを自供し、極刑を免れたことである。それについては拙著『内観法はなぜ効くか』（第三版、初版まえがきⅳ―ⅴ頁）に書いているとおりである。

国の行う矯正事業については、当然のことながら一定の宗教や道徳教育が厳しく制限されるから、上記のような特性を持つ内観法が矯正界で自由に羽ばたく独自の地位を獲得していることは当然のことといえよう。

人間にとって「自分自身を知る」ということは、ソクラテスの昔から哲学の基本課題とされていることでもあり、そのことからみても内観法のもつ上記の技法的特性が、人間の歴史においてどれだけ偉大な発見であるかが首肯されよう。

今まで法専門家が面接に際して用いていたのは、主として法解釈学の物差しであった。彼らの眼は、事物の過去の事件についての法的解釈による正義衡平に注がれていた。

これに反して、リーガルクリニックという臨床家の眼は、人の未来形成に向けられる。その地平で創造的正義衡平を、いかに穏やかな形で未来に向かって実施するかにおかれる。

内観法がリーガルクリニックという臨床法学の場で特に大きく羽ばたく場を与えられるのは、いつにかかってこのような未来志向の人間形成という特性を最大限に生かしつつ応用しようという意図のなかに秘められている。内観法は創始開発の当初、いち早く刑事事件や犯罪者処遇の領域で活用の場を見出してきていた。そのことは、特に刑事被告人や少年院における少年犯罪者の教育クリニックに広く活用されていることを見ても頷けるであろう。

のみならずそれは将来における犯罪の防止にもつながる。そのことから、内観法は、矯正クリニックとは、切っても切れない関係にある。

リーガルクリニックやあるいは内観カウンセリングに配慮することのない従来の刑事弁護人の職務は、犯罪者ひとりの人権擁護・社会正義の実現ということに単純化されており、弁護人固有の任務は、判決の言渡とともに終了する。

犯罪者の更生や社会復帰を援助するためのケースワークやカウンセリングを含むリーガルクリニックは、従来の弁護士たちが活動した固有の領域とは、そのカバーする範囲が明らかに異なっている。

また、従来長年見捨てられてきていたに等しい、犯罪被害者の支援という観点から見ても、内観カウンセリングによって自己洞察し、深く改悛した被告人の、犯罪被害者に対する謝罪の質は、従来の被害弁償に代表される、軽薄短小な謝罪の質と比較して、まさに、天地・雲泥の差がある（本章Ⅲ、被害感情と謝罪の質参照）刑事被告事件におけるリーガルクリニックの手法ないしは目標は、犯罪加害者（被疑者・被告人）を、心から改悛させ、その心を将来にわたって持続せしめるという点に、その主要な力点を置く。そして犯罪加害者の人権擁護のその陰に、殆ど完全に見捨てられていたといっても過言ではなかった犯罪被害者に対しても、同時に陽の目を与えようとする技法であるという点で、内観法は、今後いわゆる修復的司法におけるリーガルクリニックにおいて、加害者および被害者を同時に満足させる技法として、恐らく爆発的に多用される可能性のある短期精神療法であるとされよう（この問題につき、後記第八章、犯罪被害者支援の臨床参照）。

そしてまた、内観法という自己心理療法を用いる弁護人の積極的傾聴姿勢を、内観面接においてあらためて強調する、オーソドックスなカウンセリング的面接技法に、完全に重なる。

今日の臨床心理学の通説では、心理療法も本来的カウンセリングも、ともに「カウンセリング」という括弧のなかに入れられている。

二　内観カウンセリングの技法

内観法という心理療法の本質は、クライアント自らが、自己自身の大脳神経の記憶痕跡に詰め込まれている古い記憶を想起し、再生させるというだけの精神作業ではない。各自の五歳ないし六歳頃からの古い記憶痕跡に沈潜し、それらの記憶をシスティマティックに、内観法的にクライアント自らが、母なら母の、古い昔の、愛情・美点・長所だけを入念に、年代順に緻密に想起し自ら再構成する技法である。

精神分析とか箱庭療法は、心理療法家がクライアントに対して自由連想などの一定の精神作業を行わせ、クライアントがメンタルなイメージの想起にもとづいて行った一定の精神作業成果を、事後において専門家的立場から解釈し評価し判断するところに成立する精神作業である。

内観法は、内観法が予定するところの特異な技法によって、単純無比な記憶想起が、一時間に数十回あるいは数百回、高頻度に反復して行われるのが基本である。この形式を欠くならば、内観法の持つ最大の特色が失せる。

第二に、クライアントが想起した事柄や形成した心像（心象）を、たとえば一定のユング派とか精神分析派といった心理専門家の立場から、再評価・判断させず、クライアント自らが主体的に自由に再構成するところに、大きな特色がある。

そのように、心理専門家の指導監督を完全に排除し、主体的・自発的に行う心理技法を、心理学の専門家は「自己心理療法」と呼んでいる。それはたとえば、自律訓練法とか禅的療法と同じ次元に並ぶものである。

内観カウンセリングの面接・指導者としての弁護士は、心理専門家が行うような冷たい評価・判断者として刑事被告人の脇に立つのではない。被告人が高頻度に反復想起した単純な過去の事象や心像を、専心傾聴するだけである。

内観カウンセリングは、心理専門家によるあらゆる評価判断を、有害無益として排除する点において、内観カウンセリングは、カウンセリングの受容的面接技法に限りなく近い要素をもつ。

その療法の指導面接に専門的に携わる者は、その殆どが、看護師、少年院教官、刑務所看守などのように、臨床心理の素人であり、ごく普通の人々である。そのようなごく普通の面接者が、内観クライアントに対して行う面接は、通常のカウンセリング面接法のように、メモもとらず、ひたすらに受容的に聴くことのみで事は進むのである。

そのような臨床心理学の素人の指導だけで、的確な効果が高い頻度で現れるからこそ、これによって法務省に対しいちはやく認知させ得た。

草創時代、法務省傘下の矯正施設長や矯正管区長たちは、内観法の受刑者に与えた劇的効果にことごとく驚嘆し、その実施を、こぞって推奨した。

そこまではよかったが、関係者たちの行った、内観についての宣伝過剰は、わが国の新興宗教界に、ねたみやそねみすら与え、全国の矯正施設における内観法実施の中断に追い込まれた。

それほど内観法は、独創的な自己洞察効果の高い精神心理技法としてわが国の矯正界において早くから嘱目され、熱心に実施されていたのである。

刑事弁護における内観カウンセリングの臨床は、先ず被告人が舎房の壁に向かって安座し、内観法に沿って有効に時間を使い、記憶想起を行う。

弁護人は被告人の拘置されている拘置所を訪れ、被告人がしたその内観想起の成果を、ひたすらに傾聴するだけである。

ただその前に、弁護人としては、被告人を内観法に導入するためのカウンセリングないしは、ガイダンスを行う必要があることはいうまでもない。

薬物・アルコール中毒被告人の刑事弁護のために利用できる施設としては、わが国の国立大学付属病院精神神経科や心療内科、札幌太田病院（精神神経科病院）、指宿竹元病院（精神神経科）のような大病院で、内観法を用いたアルコール症、薬物依存症などの治療施設があることを忘れてはならない。

内観法は、人間が一週間、自分自身の古い、幼少時代からの記憶を、身近な人々に対する恩とか愛という、極めて単純な文脈にすがって高頻度に反復想起（再構成）すれば、これを実践した殆どの者が深い自己洞察に至る。内観法のもつこのような記憶想起の方式を正確・かつ慎重に適用すれば、劇的な感動とともに自己洞察に至るまでには、恐らく三日ないし四日程度でそうした効果を自ら呼び込みうるはずである。

自己洞察に必須とされる四日間にプラスして、アフターケアー的な三日間のフォローアップ期間を加えることで、自己洞察の確実な発現と、その成果の持続を可能にする大脳神経機能が始動したからであろうと想像される。

一九九八年以来、水戸市の近郊にある水府学院という名の少年院では、同院が三年間に収容し教育した三〇〇人の院生全員に対し、一週間の集中内観を必須の教育として実行した（渡部進一「水府学院における内観指導」刑政二〇〇〇年八月通巻一一一巻八号一〇三頁。なお、二〇〇三年一〇月現在でも同院では、このような内観教育制度を、引き続き継続実施している）。

そこまでは尋常なコースであった。ところが同少年院では、集中内観終了の丁度一か月後に、「一日フォローアップ内観」と称する、一日で終わる集中的な内観技法を、付録のように義務的にセットし、内観終了少年全員に、さらにこのような一日間の付加的内観を実施した。

それは、フォローアップという名のとおり、その一カ月前に一週間の集中内観で得た自己洞察の効果が消え去らないうちに、さらに再度の、たった一日間ではあるが、フォローアップとしては、実に大きな意義のある独特の特修法を付加的に付け加えることによって、自己洞察効果の持続効果を飛躍的に強化し、その効果が少年の一生涯を通じて衰えないようにしようとするのである。

三　自我の抵抗と抑制

刑事被告人に対するカウンセリングについて、われわれがことさらに内観カウンセリングを重要視する、その意義は何であろうか。

内観法は、極めて簡単な記憶想起法のみで、真実の自己を発見し、自己洞察を成し遂げ得る、極めて簡単明瞭な精神技法である。

想起することのスタンダードといえば、

①　六歳のとき、母にしてもらったこと。

②　六歳のとき母に、して返したこと。

③　六歳のとき、母に迷惑かけたこと。

というような、小学生にでも容易に実行可能な程度の簡単なことがらである。これを七歳、八歳と進め、一日一五時間程度、壁に向かって静かに行わせる。

それだけの短時日で、内観クライアントが、自己洞察を成就できるところに内観法の最大の特色がある。これほど単純な心理療法は存在しない。

通常の内観技法は、面接者がおおむね二―三時間おきに面接しながら、クライアントがその時間内に想起した課題について「ひたすら聴く」という作業を、毎日一五時間ずつ行い、それを一クール七日間継続する。

私は拘置所に留置されている被告人に内観法を適用し体験させているが、その理由は、それがしばしば刑事裁判で極めて有利な情状立証になる場合が多いからである。のみならず、それ以後の被告人の社会復帰・更生についても、内観体験が大きく貢献することが多い。

拘置されていない被告人の場合にあっては、各地の内観研修所に被告人を行かせてそこで内観させる。拘置されている場合には、弁護人はそれほどしばしば被告人に面接をすることはできないから、弁護人の面接は、通常通り半月に一回とか、一か月に一回とし、被告人が内観法の手法で想起した事実は、被告人からの手紙で確認しながら、想起技法的に間違ったところがあれば面接にでかけ、直接面接した上で、一日も速く正しい恩・愛文脈の記憶想起のルートに乗れるよう軌道修正し、効果的な記憶想起法に近づくよう指導する。

拘置されている被告人から送られて来た内観記録は、被告人の反省・悔悟の状況を立証する情状立証のための書証として裁判所に提出する。これらの書証について検察官が不同意の意見表明をしたことは、いまだかつてない。

内観法に専念する被告人の多くは、開始の当初は、自己洞察できず、反省の成果を弁護人に対して示す様子を見せるということは、まずない。

「自分のやったことはそれほど悪くはない。前科者と言われても、それは付き合っていた仲間が悪かったからだ。世間が悪いからだ。自分には落ち度といわれるほどの落ち度はない。それは飯場の親方に聞いてもらっても分かる。友人の誰それに尋ねてもらっても分かる。」などと、全ての被告人はこのように外罰的な自己弁護のみを繰り返す。自分の今までの生き方を、この際仔細に振り返って、悪いところを改めてみようかというほどの被告人は、極めてまれである。

そのように外罰的であり、自己中心的な被告人が、真に自己洞察に向かう決心をし、記憶想起に打ち込むようになるのは、被告人が拘置されて、おおむね一か月から数か月後のことになることが多い。そのことを、弁護士は覚悟しておかねばならない。

人間誰しも、一方では、自分を変えなくては駄目だ、変わりたい、という意欲とともに、何時までも今の自分のままでありたいと願う自我保存の気持ちを抱いている。したがって、自分を変えることへの抵抗は、本人自身の自覚を超えて、極めて強固である。

多くの人が持つ、この「自己を変えたくない」という強い執念を、「抵抗感情」という。われわれは全ての人の持つ抵抗感情が熾烈であることを覚悟しつつ、内観導入カウンセリングに臨むべきである。フロイトも言うように、人間の持つこのような抵抗感情は、「心理療法に現れる屈強の敵」である。被告人の内観導入カウンセリングで先ず必要な弁護人の心がまえとしては、フロイトの言うように、彼らが心中密かに抱いている「自己を変えたくない」という「屈強の敵」の破れを探しつつ、その破れの箇所から穏やかに、かつ、何気ない自然なスタイルで侵入・接近するのである。われわれはそのような穏やかな侵入技法を臨床的に身につけなくてはならない。

四　有効な動機付け

自ら感じるところがあって強力な内観の動機付けを得ていた被告人の場合には、前記のような凄まじい「抵抗」はない。例えば、内観導入カウンセリング以前に、誰かが被告人に対して尽くしていた場合などである。たとえば被告人が、内観で自らの人格を変えた両親に接し、かつてのわからず屋であった両親から、後ろ姿で強く導かれていた場合などには、内観導入のカウンセリングは比較的容易である。

クラブのホステスである被告人の妻が、自己自身に鞭打ちつつ、愛する被告人の再起を願い、毎日のように拘置所に面会に来ていた事案があった。国選弁護人である私は、彼女の夫に対する献身的努力にいたく心を惹かれ、被告人に対し、「男になれ、男になって妻の深い愛情に応えてやれ」と言いながら、妻の献身の有様を内観への誘引の特効薬にして、被告人の内観動機付けカウンセリングを行った。その後間もなく被告人は、妻の献身に大いなる影響を受け、自己洞察に向かう動機付けを自分自身に行い、僅か一週間で内観的記憶想起に全神経を集中するようになった。

ある殺人事件では、被告人の枕辺に、血を流した被害者が夜毎に、夢の中に現れるようになった。被告人は、その恐怖から逃れようとし、仏教の経典を読み、あるいは聖書を読み、こころの不安を除去しようとあせった。しかしこの被告人については、彼のそのような努力の全てが徒労に帰した。

このように残虐な犯行を犯した被告人の場合には、夢枕に現れる、血を流した被害者の亡霊から受ける恐怖から逃れるため、内観の動機付けを容易に行うチャンスが現れ易い。弁護人はそのようなまたとない有効なチャンスを捉え、被告人を内観に導入するいとぐちとして利用することもある。

山口組に所属する暴力団組員で、長期拘束後に保釈となり、組から与えられていた借家に帰ってみると、家財道具は何もなく、妻も何処かへ逃げていた。彼は雷が落ちるのを覚悟して実家に帰ってみた。ところが意外なことに両親が内観しており、「父さん母さんの二人がお前を暴力団に追いやった罪深い親だった」と、両手を突いて謝罪し、暴力団組員であるわが子を暖かく迎え入れた。

両親のこの優しさに心打たれた被告人は強烈な内観の動機付けを得た。そして直ちに内観研修所に赴き、内観し、内観中終始滂沱と涙を流し、著しい人格の変容を遂げ、山口組から破門状を得て正式に暴力団を離脱し、家族知人の援助により、幸せな家庭を築いた。

被告人に簡単に、早期に効果的な内観を行わせようとする場合には、上記のように、強力な動機付けを与えるために、本人より先に両親を先ず内観させるべきであり、家族のカウンセリングを同時に行うのが常道とされる。一般の被告人にとって、このような家族の絆は、今日でもなお無視できないことを知るべきである。

Ⅱ　内観被告人の残した言葉

一　まえがき

刑事被告事件の弁護人の主要な任務は、刑事裁判所によって、犯罪事実が正しく認定されるよう、人権擁護の立場から活動することである。場合によってはそれだけでは足りない。すべての犯罪者はやがて社会へ出てゆく。その事実に眼を向け、被告人や収容者たちの、社会復帰後の生活に眼を向けたクリニカルな弁護活動が、判決言渡し後も引き続いて、行わなくてはならない。このような弁護士の業務をごく自然な気持ちで持続するところに、リーガルクリニックの精神が宿る。

刑罰はその本質として、当然のことながら、「害悪（Uebel）の側面」を持つ。

害悪としての刑罰によって犯罪者を懲らしめ、害悪に漬け込む。それだけの懲罰的手法の連続でもって犯罪者を一定期間刑務所に閉じ込めれば、国家はさらに収容以前よりも凶悪な犯罪者を再生産することになる。そのようにして次々と、よりしたたかな犯罪者を社会に送り返すことは、やむをえないという諦観が、世界各国の矯正当局の通念だ。しかし国家が凶悪犯人の再生産事業だけを年々歳々継続していたのでは、国の権威として欠けるところがあるとされなくてはならない。

教育刑論者牧野英一博士のいう国家の権威とは、賢さと優しさを併せ持つものでなくてはならないとされる。犯罪者が刑務所や少年刑務所や、あるいは拘置所に収容されているその期間に、少しでも改善された人間に教育し、有益な社会人として更生させ社会復帰を目指させることをも、同時に考えつつ、これからの弁護士は、刑事弁護活動の基本精神を見直して行く必要がある。

そのように考えれば、二一世紀における弁護人たちは、つとめて拘置所に拘置されている刑事被告人の更生と社会復帰を念願する被告人の気持ちを忖度しつつ常に内観・カウンセリングの心をもって刑事弁護に当らなくてはならない。

以下に述べる第一事例と第二の事例は、拘置所に拘置されていた二人の刑事被告人が内観カウンセリングによって自己を見詰め、徐々に自己の悪性に気付くことによって自己洞察を深めてゆくその過程のなかで、弁護人にあてて折々によこした内観記録の一部分である。私は彼らが人間被告人として残した、珠玉と輝く短い言葉のかずかずを取り出し、読者にお目に掛けようとするものである。

前科一一犯の常習窃盗・現在建造物放火被告人は、一年四か月半、その間、日曜祭日すら休むことなく舎房の有線ラジオのスイッチをも切り、静かな単独房内でひたすら内観に没頭した。この長さと集中力の持続は、恐らく世界記録であろう。

第二事例の前科六犯の被告人は、自発的に四か月連続して内観を行った。

一般の内観が、一週間で終わるのであるから、二人とも極めて長く、かつ、深い内観を体験した。

第三の事例は、強盗殺人罪を犯し、死刑の判決を受け、処刑された死刑囚の語った録音から採ったものである。

第四のものは、かつて南九州一円を支配した暴力団の組長、橋口勇氏（故人）が奈良少年刑務所で行った講演から収録した。

第五のものは、岡山少年院生の内観録音テープから起こした。

二　前科一一犯の被告人の回心

被告人Hは、東京で生まれたが、戦災で戸籍がなくなり、小学校は一年生のとき六か月通ったのみであり、後は両親もいなかったので、殆ど養護施設、教護院などの施設での生活だった。少年院に三度入院し、その後の前科一一犯は、全て実刑だった。

彼は拘置所内で、三二歳の現在年齢までに犯した「ウソと盗み」と言うテーマにしぼり、連続一年四か月半のうちに、三〇一七個について深く内観した。彼の場合は、両親もなく兄弟すらなかったので、弁護人の私がそのようなテーマを選んだのであった。

H君の内観は、一見平板に見えるかもしれないが、実に深い内観であると私は思う。

私は毎晩、眠っているはずの頭脳の一隅にある、忘れ去ることのない記憶を辿っています。私はある確信を得ました。自分の行ってきた悪事は、たとえ忘却の彼方に去ってしまったようなものでも、それは必ず自分自身の脳細胞の深層にしっかりとこびりついているものです。遠い昔の悪事は、脳細胞の内張りの中で、かすかに夜の明けるように、または海に大波が起こるように揺れ動きながら、そのうちどっと膨れ上り、よみがえってくるのです。

これは、真剣に記憶を辿ったことのない人にはとても理解できないことだと思います。

大脳生理学の教えるところによれば、大脳神経にあるシナプスは、「可塑性」という特性を備えている。内観のような単純なものごとについての記憶想起を、おおよそ三日三晩集中して行えば、大脳シナプスは急激に活性化し、神経回路の接続は急激に増強され、古い記憶が昨日のことのように次々と想起できるだけでなく、その記憶を数週間から三〇年という長期にわたって保存する働きがある。

小学校一学年に、僅か六か月しか通っていないこの被告人が、自分の内観体験のみで、これだけの大脳生理学の根本原理を自力で体験し実証するまでに到達していることに驚かされる。

このような大脳生理学の科学的原理は、二一世紀において、さらに多くの人間学的実践によってトレースされ、臨床事例として集積されるだろう。

混沌とした内観で今一八七七個の悪事の内観・記憶想起にまで辿りつきました。その間、大脳の表面に薄い膜が張り付いて記憶が思い出せなくなることもありました。そんな時、先生との面会での、静かな先生のお言葉、先生のお手紙のお言葉をかみしめました。そのたびに暴風雨のような嵐にたたきつけられ、再び清新な気持ちに立ち返ることができました。

自分を客観的に見られるようになった自分に、尊敬と、そして反面、嘲笑を感じます。

「優しさとは情緒の世界だけで語られるものではない。自分を変え、他人を変える力として働く。」

この言葉は、児童文学者灰谷健次郎氏の言葉である。修行僧のように自己発見に励む孤独な被告人に、自己発見の強い動機付けを与え、これを永続させるものは「優しさ」のもつエネルギーにほかならない。

この被告人はまた、「石に石をぶつけると、撥ね返すだけだが、先生のように優しく包み聴き取って下されば、大きな自発力が生まれます。」と述べている。

川の表面は、太陽や月の影を映しますが、その水の下には、長年の間に沈殿した有機物がどろりと堆積しています。裸足で入って見ない者にはわかりません。足で探り進めば進むほど、濁りが一層ひどくなって来ます。

この言葉は、まるで修行僧の述べた言葉ではないのかと思わせる。人それぞれが、意識下に、どろりとした堆積物を隠し持ち、その堆積物ゆえに各自の自律神経を傷つけ、それでもなお頑強に自己を偽りつつも意識の撹乱原因物質を取り除こうとはしない。

意識下にあるどろりとした汚濁物質は、調べるに従って限りなく続く。

学歴も社会的地位や名誉も持たず、人並み以上に多く持つのは、前科一一犯という前科。そのような被告人が内観によって、これほどに気高い精神的深みに到達した。ただただ驚き、被告人に対してこうべを垂れるのみである。

犯罪者の恐怖を心の底から味わうのは、追われている夢を見て、全身汗びっしょりになり、ハッと目覚めた真夜中です。それは物音一つしない幽玄な独居刑舎の中で、独り味わう、悲惨極まりない味わいです。この惨めさは、体験者でなければ誰にも分かりません。布団の上にガバッと跳ね起き、かいた寝汗でぐっしょり濡れたシャツを脱ぎ、体を拭きながら、腹の中が凍るようなショック。ああ、何という自分であろうか。泣きたくなるような、いや、叫びたくなるような孤独との戦いです。

でも私は孤独に負けません。

すべての犯罪者は、こうした苦しみから逃れる道を知っている。それは人それぞれが持つ道徳的向上心に他ならない。

カール・ロジャーズは、「全ての人は自己を向上させようとする強力な傾向性を持つ」と語っている。私はこの学歴のない被告人が赤裸々に開示してくれたこれらの言葉を、決して忘れることはない。

三　前科六犯の被告人の回心

その当時の私の家は、貧乏のどん底でした。ある日買い物に行ったとき、つり銭をごまかして自分の小遣いにしました。わずか五円をごまかしただけです。

しかしその時分の母は、電車賃一五円を惜しんで、仕事先から疲れた身体に鞭打ち、一時間もかけて夜道を歩いて帰ってくれていたのです。

温かいうどんの一杯でも食べたい気持ちがあっても、わたしたちこどものためにそれも節約し、アンカの豆炭が何個買えるからと、じっとこらえ、寒さに身をちぢめながら帰る母でした。

母は草履の裏に、タイヤをゴム糊で貼り付けた手製の草履を履いて通っていました。そうしてこつこつと爪に火をともすようにして、必死でその日その日を生きていた母です。そんな母にとっては、この五円はとても貴重な額だったと思います。

足を棒のようにして家までの遠い夜道を歩き、一五円の電車賃をもうけたといい、行水を使って風呂代七円をわたしたちにふりむけてくれた母……。それを思うと、五円をごまかして平気で過ごしてきていたわたしの親不孝がくやまれます。

この被告人Bは、妻と喧嘩をし、腹いせに他人の現住する家屋に放火したのであった。拘置された後、妻の愛情で鞭打たれ、四か月間、夢中で内観した。四か月間に被告人が書いた内観記録を読んだ母親と妻は、感動のあまり泣いて泣いてなき疲れ、勤めを二日間も休んだという。弁護人である私も痛く感動し、彼の内観記録を広島矯正管区長に参考のため送った。管区長からは、墨痕も鮮やかな返信が寄せられた。「Bの内観記録を読み、自分の日常の仕事振りを恥ずかしくさえ思いました。恐らく彼は、刑務所でも修養を積み、早期に仮出所するでしょう。」とあった。

受刑者の持つ仮出獄の権利ほど融通無碍なものはない。未決勾留日数などとは比較にならない。これからの弁護人の弁護活動は、被告人の持つこのような仮出獄の権利にまで気配りをするものでありたい。

内観法が開発されて以来、どれほどの深い内観が人々を教化してきたか知れない。内観名作として残っているものは、

例えば、ラジオ山陽の制作した「岡山少年院生のざんげの記録」（一七一頁）（一九五八年）、毎日放送の制作した「暴力団組長、橋口勇さんの、親分男になる」（一六八頁）（一九六〇年）、毎日放送の制作した戸田直義死刑囚の「処刑を前に」（一六九頁）（一九六〇年）などがある。

私はそれらの名作テープを持ち歩き、各地の講演会で聴衆に聴かせ、紅涙を絞らせた。しかしそれらの名作は、上記の短い内観記録の価値には遠く及ばないと断言できよう。なぜそのように断言できるのか。

それは、内観者Bの口から出た一言ひとことが、カウンセリングにおいてもっとも大切な共感の要素ともいえる、母親の愛情・美点・長所について、ものの見事に再発見し、共感とはこれだと、われわれに示してくれているからである。

内観法という記憶想起法は、自分が幼少の頃からお世話になった人々のことを、恩・愛という、ただ一筋の文脈に乗せて想起し、その記憶想起事実の中から、愛情・美点・長所のみを、再発見し、自己洞察の糧にする技法であることを忘れてはならない。

それはまさにカウンセリングの基幹ともいうべき共感の真髄を、実践的にクライアントに体得させる精神心理技法であり、上記の短文はカウンセリング臨床に表れたように、かけがえのない模範的モデルである。

四　死刑囚の回心

次に述べるのは、一九六〇年三月二一日、大阪放送が、「処刑を前に」という題で、ラジオ放送したものの抄録である。

死刑囚戸田直義は、顔見知りのK社長に、山林の売買の話を持ちかけておびき出し、千枚通しで殺害し、六六〇万円あまりを強奪した。

犯人の戸田は、犯行後、四国の高知から、北海道の紋別に逃走していて、そこで逮捕された。内観するまでは、罪を共犯者に着せようと、見苦しい否認を繰り返していた。未決時代に拘置所の中で、吉本伊信氏の指導で内観し、仏教に帰依し、彼独自の死生観を確立した。

以下は、戸田死刑囚が報道記者に語った言葉の一部分である。

遠い昔に作った悪因が今生において芽を吹いたのです。今仏様のメスによって身体を断ち割り、治療をしてもらい、清らかな身体にして頂き、船に乗せられ、こちらの岸から彼岸に渡されようとしているところです。自分の犯した罪業を思うとき、私は最高刑に服してもなおまだ足りない自分であることが、自分で確信できます。内観を知らなかったときには、自分の犯したことが恐ろしく、一時も早く忘れよう、思い出すまい。首をつって死にたい。早く殺してくれ。食事だって、何を食べたのかも記憶にない。そういう心理状態でした。K社長を殺害した時のことは、早く忘れようといくらあせっても忘れられず、追いかけられている気持ちで、常に不安に満ちていました。

しかし内観をさせていただいた今は、私はいつも、私が殺したK社長の霊とともにいます。内観すればするほど、私はK社長の霊と密着します。三六五日がその連続です。このけだものには、迫り来る処刑の時というものはありません。

こうして仏様のお慈悲によりまして、今まで迫ってきていた恐怖の壁が、崩され、仏様に生かさせていただく一秒、一秒です。そして同時に、K社長さんやそのご遺族に対するざんげと、自分が国民の皆様の税金で生かされているというそのことへの感謝に満たされています。

ただ、かえすがえすも残念なことは、私の首とKさんの首がすげかえられないことです。物を盗ったのでしたら、働いて返すこともできます。私にはそれができません。それができたら、というのは私の血の叫びです。

私の来世についてのご質問ですが、何千億年かの後、再び人間に生まれ変わらせていただけるとしましたら、その時は、最低のものにしていただきたいと思います。

報道記者は、この録音テープをK夫人に持参して聴いていただいた。K社長の四回目の命日の前だった。K夫人はおっしゃった。

犯人逮捕のときのふてぶてしい態度が、今でも記憶に残っています。死刑は当然だと思います。主人は子供たちにとってもかけがえのない命でした。どんなにか主人は残念だったでしょう。ひと時として忘れることはありません。

昔は仇討ちは美談でした。被害者の気持ちは、今も昔も変わるところはないと思います。

五　暴力団組長の回心

橋口勇さんは、かつては南九州一円に強大な勢力を張る暴力団橋口組の組長だった。前科一〇犯。宮崎刑務所で第一〇犯目の刑を努めているとき、一冊の「内観だより」によって内観を知った。退屈紛れにそれを読み、その直前に亡くなった母親のことを思い出しているうちに、それが内観のスタイルになって行った。自分の悪業が、芋づるを引くように次から次へと出てきた。橋口さんは驚き、出所までの六〇日の間、真剣に内観に打ち込んだ。

彼はこの内観によって暴力団橋口組を解散し、出所したら堅気の生活に入る決意をした。

一九六〇年橋口さんは、宮崎刑務所を出所する前、かつての子分たちに杯を返し、橋口組を解散し、出所祝いや放免祝いもなく、風呂敷包み一つを抱え、タクシーで一人ひそかに出所した。

出所した橋口さんが本当に組を解散したかどうかを指宿市の人々は怪しんでいたが、橋口さんが本当に改心したことを確認するや、有志で三二万円の開業資金を作って与え、その壮途を祝った。

彼はその元手で自転車や醤油やござを仕入れ、それを自転車に積んで売りに歩いた。プロパンガスにも手を広げ、やがて指宿ガス株式会社も設立した。

体が空いているときは、全国どこの刑務所までも出かけて講演した。

私が山口地検の検事だった一九六四年には、橋口さんは、私の検事公舎に二泊なさり、山口地方検察庁、山口刑務所、新光学院（少年院）などで講演された。この講演会の席に田辺信好という新任検事がいた。それから三三年後に田辺検事は岡山地検の検事正として着任し、私の前で往時を振り返り、自分はあのときの橋口さんのお話で「人間」というものに初めて目を開かせていただいた。その意味では、橋口さんは自分がお会いした人の中で、最も尊敬するお方です。と語った。

次のものは橋口さんが一九六二年に、奈良少年刑務所で受刑者になさった講演の抄録である。

皆さん、私も今から二年四か月前までは、皆さん同様に、青い囚衣に身を包み、反則と喧嘩だらけの毎日を送っていた、前科一〇犯の極道でありました。街中を歩くときにも、せったの音を響かせ、肩で風を切って歩いていました。

決して講師・先生と呼ばれる値打ちのある人間ではありません。今日はあなた方の先輩として、どうしたら今のような難儀で不自由な生活から解放されるかということを、私の経験談を通してお話します。

私が宮崎刑務所で懲罰房に入れられていたときのことです。戸田という死刑囚（前掲）が泣きながら何かを訴えている。そのうち、「内観便り」というつまらないパンフレットが投げ込まれました。他に何の読み物とてないので、退屈しのぎに読んでいたのです。こっけいな坊主臭いことが書いてあるなあ、と、読むともなくよんでいました。その時、二度目の母が危篤だという知らせがありました。私はこの母には随分と可愛がられ、また迷惑をかけどおしでした。

ふと気がついてみると、お世話になったこの母に対する自分について内観らしきものを自然とやっていた。今度こそ真面目になって出所しようとしていた矢先に、母危篤という電報です。そしてすぐまた、「母死す」という電報が来ました。

この母は、私が一一歳のときから、三七歳のときまで育ててくださいました。

そして、母が死ぬ今わの際に、「勇さんが、こんなになったのは、私の育て方が悪かったからだ。勇さん、許してください。」と、言ったそうです。

私はその母の今わの際の言葉を、担当さんから聴かされたとき、胸の中にわだかまっていた魂が、まるで氷が溶けるように、さーっと溶けてゆくのでした。

せっかく真面目になって母にお詫びをしなくてはと思ったものの、それはまったく不可能な事態になりました。それから後は、この母に対する内観はどこまでも深くなりました。止められなくなったのです。私はその時から、宮崎刑務所出所までの約六〇日間、必死で内観したのです。

飲まず、食わず、寝ずの、連続徹夜内観もしました。担当さんからは、私の無謀な決意の程を察知され、止めなさいとご注意を受けました。

私は夢中でしたから、そのような担当さんの親切な言葉も、その時は胸に響きませんでした。飲まず、食わず、寝ずの、連続四日目になって私が倒れ、そうなったとき、再び担当さんからご注意を受け、その時、自分の今までの人生における、わがまま勝手な処し方のすべての悪が一瞬にして分かったのでした。

そうだった。自分さえよければ、それが正しいことだとして全て通してきていた。そのような自分は、極道の風上にも置けない人間だ。悪かった。担当さん。許してください。

このようなきっかけから、まるでバケツの底が抜けたかのような感じで、一切を悟ることができ、ヤクザ稼業に終止符を打つ決心がつきました。

即座に橋口組を解散することにし、担当さんに頼んで、入所中の橋口組の若い者に、次々盃を返しました。「橋口のばかやろう」という怒声は、刑務所のあちこちから上がりました。嫌がらせもありました。

しかし私はちっとも動ずることはありませんでした。母の墓前に額づいて真面目な息子勇として生まれ変わったことをご報告したい。この思いで震えていました。

刑務所からの出所直後、指宿市商店街の三〇人の方々は、私が生きてゆくための生業資金を作ってくださり、私はぼろ自転車を買い、それに醤油やござを積んで一軒一軒売って歩きました。時には売り物のござに傷があります。すると、「おい、貴様、こんなものが買えるか。持って帰れ。」ぴしゃーっとござを投げつける。「悪うございました。今後気をつけます。」そのような体験もいたしました。

その都度、ああ、かつての私がここにいらっしゃる。この方は、自分のかつての乱暴な姿を、今教えてくださっている。ありがたいことだ。このように私は内観で大きく変わったのです。

日曜日の午後八時、外は豪雨です。そんなときに、「醤油の小瓶を一本頼む。」そのような電話もあります。そのような時は、みんなが商売を休んでいる時にでも、私のお得意さんは、このようにして自分を助けてくださる。そのような感謝の気持ちで醤油一本を配達するのですから、おのずと、にっこり笑ってお醤油をとどけることができます。

あるときは映画館で殴り合いの喧嘩に遭遇しました。私は以前ですと、好んで喧嘩場に近づく人種でした。ところが内観をしましてからは、女房とともにそそくさと逃げてゆきます。女房から、貴方も随分変わったわねと、褒められ、その褒め言葉をしみじみと味わったこともありました。

六　少年院生のざんげ

岡山少年院で内観を体験した一九歳の少年のざんげの声が、ラジオ山陽で編集され一般に放送された。彼はその年まで、街の不良仲間と数限りない非行を重ね、この特別少年院に送致され、ここで初めて内観教育を体験した。

中学三年の五月、修学旅行だった。家には父もなく、母一人の稼ぎで収入は乏しく、修学旅行にはとても行けそうにはなかった。自分にもそれはよく分かっていたが、母に対して、毎日行かせてくれ、行かせてくれとせがんだ。

母はとうとう自分の一張羅の服や着物を質に入れて金を作り、僕を旅行に行かせてくれた。

僕は母のそんな苦労に感謝するでもなく、母の苦労を思いやるでもなく、旅行に行けるという喜びで夢中だった。今度内観をしてみて、母が二〇〇〇円の金を僕のために作るのは大変なことだったことが、今やっと分かった。そのころ既に悪い子供だった僕に、これ以上ひがみ根性を植え付けてはならないと、母は必死でこのような犠牲を、僕のために払って下さったのだ。母がそれだけ僕に尽くしてくださったのに、僕は今まで母の恩を片っ端から踏みにじって来た。

今僕が、こんな気持ちになっているところを母に知らせたい。お母さんの目の前で謝りたい。でも、今は僕にはそれはできない。手紙でどういって詫びたらいいか（嗚咽）。……手紙で書くとしても（嗚咽）……どのようにいって詫びたらいいか（嗚咽）……書くことはなかなか僕にはできない（嗚咽）……。ただ、済みませんでしたと書いて、今の僕の気持ちが（嗚咽）……母に分かってもらえるだろうか（嗚咽）……。こんどこそ（嗚咽）……真面目に働いてきっと（嗚咽）……どんなことがあっても（嗚咽）……。

お母さんと同じように、妹に対しても調べました。僕はいつも妹を蹴ったり叩いたりして、むごい目に合わせてきました。それでも妹は、お兄ちゃん、お兄ちゃんと、慕ってくれました。弁当を作るときでも、妹は梅干と醤油をかけたおかかでした。そして、「うちゃあ、天麩羅嫌いじゃけえ、兄ちゃん、持っていきなぇ。」そう言っていいおかずを入れてくれていました。おやつのときも、自分のものを、いつも、へつって僕に沢山くれていました。

学校では勉強がどんどん遅れてゆき、先生は、お前もう学校へ来んでいいよとまで言われて、一週間も一〇日も学校を休みました。友達もどんどんいなくなり、いつも一人ぼっちでした。そんな時、教頭先生は、お前はどうしてそんなに心のひねくれた子供か。素直になれんか、といいながら、毎日、五分、一〇分でも、家まで教えに来て話をしてくださいました。

家の都合で名古屋へ転校するときも、同級生や担任の先生など、誰も見送りに来てくれなかったのに、教頭先生は、次の駅まで僕と一緒に汽車に乗って、素直な子になれよ、よう勉強するんだぞ、といってね（嗚咽）、鉛筆一ダースと、ノート五冊くださいました。教頭先生は、いつも一生懸命でした（嗚咽）。その時の教頭先生の顔が、今でも目の前に、はっきり浮かんできます。

Ⅲ　被害感情と謝罪の質

一　まえがき

弁護士が刑事弁護の委任を受けると、弁護士は被疑者の起訴猶予を期待し、被害者に対する被害弁償活動を始める。その場合に、被疑者が自己の行った行為について深く反省し、被害者に謝罪し、その上で被害弁償を行うというのがものごとの順序である。

刑事被告事件においても同様である。被告人の真摯な反省・改悛の気持ちが先ずあって、その上で被害弁償が行われなくてはならない。それが物事の順序であるのに、そうした段階を踏んで、被害弁償の行われる事例はむしろ例外とされているほどに稀である。これはどうしたことだろう。

多くの犯罪加害者は、被害者に対して真摯な謝罪をする前に、形式的な被害弁償をし、それを当然のごとくに思い、示談書の作成までを求め、中には減刑嘆願書まで被害者に書かせ、それを情状証拠として提出することが多かった。

このように安直で形式的な被害弁償は問題にされなくてはならない。今までの刑事裁判では、犯罪被害者の立場が極めて弱く、加害者の刑事裁判期日の通知すらもらえなかった。だから被害者たちは、公判期日に在廷することもできず、そんな被害者の真意とは異なる形式的な情状立証の手段が公判廷でまかり通り、被害者の被害感情は、鬱屈したままの状態でそれを吐き出すところもなかった。そのまま全ての手続きが進められた。今までの刑事裁判はそれで十分事足りた。私たちはこのような現象を、現代刑事裁判における「甘えの構造」とよぶ。しかし今日、このような被害者不在の不当な甘えの慣行は、次第に姿を消しつつある。

今日多くの犯罪被害者は、検察官から公判期日の通知を受け、毎回法廷に出席し、被告人の言うことに耳を傾けている。誠意のない形だけの安直な示談書や嘆願書による弁護人の情状立証は、もはや通用しないか、するとしてもそれは例外で、極めて難しい時代が、次第に近づきつつある。そのことは最近の実刑判決率の急激な上昇傾向からも読み取ることができる。

平成五年の実刑判決を受けた被告人を一〇〇とすれば、それから一〇年後の平成一四年のそれは、一五〇である（平成一五年司法統計年報、矯正統計年報）。

このように、被害者の存在を意識した新しい刑事裁判手続き実施の現状に対応して、今後の弁護人側からの情状立証は、内容と実質をかね備えたものに変えられてゆく必要がある。

そのためには、被疑者、被告人らに、できる限り、内観カウンセリング技法によって自己の犯した犯行それ自体だけでなく、自堕落な日常の行為についても心から反省させ、反省悔悟が確実に本物になっていることを弁護人において確認できた後に、初めて被疑者・被告人から被害者に対して謝罪させ、その上で被害弁償と慰謝の措置を行わせ、この段階で初めて内容実質のある示談書を作成し、あるいは被害者から被疑者被告人を、真に宥恕している趣旨を明確に示す減刑嘆願書の作成を依頼し裁判所に提出するという手順になるべきである。

そのような手順を正しく踏まえた謝罪を伴った刑事裁判を実現するため、内観カウンセリングの手法により被告人の自己洞察をさせ、それにもとづく被告人の真摯な反省と謝罪態度を引き出し、これによって質の高い謝罪を伴う刑事裁判手続きを実現し、あるべき刑事裁判の真の姿を顕現した刑事裁判の臨床事例を掲げてゆきたい（拙著『カウンセリング読本』〔信山社、二〇〇三年〕二四七頁）。

二　傷害被告事件

社会的に相当の地位と名誉のある知識階級の被告人が、些細なことから激昂し、悪気のない兄に対して殴る蹴るの暴行を加え、気絶すればバケツで水をぶっ掛けるなどし、徹底的に痛めつけ、兄を植物人間にした。兄の生命の灯がいつ消えるとも知れないような危機的状態が続く中、被告人は傷害罪で起訴された。弁護団や被告人に親しい関係者たちは訴訟事件の進め方について真剣に協議を重ねた。

被害者の関係者たちからは、被告人は相当の社会的地位にある者なのに、禽獣にも劣る者とののしられていた。被告人に近い関係者たちからも被告人は激しい非難を受けていた。その非難の声たるや、歯に衣着せないものだった。刑事裁判運営の重点は、被告人の真の改悛をいかにして成就させるかにおかれ、一応の被害弁償を済ませ、執行猶予の判決をもらえばそれで済むようなものとは趣が根本的に異なるものであった。すなわち、被告人が刑事裁判手続きで、懲役何年になろうとそれは問題ではない。犯罪の軽重や処断される刑の軽重（傷害罪ならば長期一〇年以下の刑だが、傷害致死になれば短期二年以上の刑）よりも、被告人の感性を変革することこそが先決問題だというのが被告人に対する人格的非難の前提にあった。

このチャンスを逃さず、被告人に内観カウンセリングを徹底的に行っていただきたい。被告人は、彼が社会的にもっていた名誉ある地位と職業を、この刑事裁判で、やがて完全に喪失する。喪失した後、被告人を真に人間らしい人間として生まれ変わらせるべきだ。その上で被害者である兄の親族・関係者らに心を込めて謝罪させたい。その後に、やがてまもなく息絶えるであろう植物人間の兄に、相当額の損害賠償を行い、兄亡き後も兄の菩提を一生にわたって弔うという人生を送らせたい。

被告人側の兄弟数人の協議は、そのような線でまとまり、その方針は、断固貫かれるべしとして、弁護団からも被告人の決意が促がされた。

単独事件の裁判官はあわてた。被害者の命が切れた途端に、本件は「傷害致死事件」に自動的に訴因の変更がなされ、事件はたちまち合議体に切り替えられる。被害者の命のあるうちに急ぎ単独事件として処理終結したいという。

裁判所としては、被告人の利益と訴訟経済の双方をにらんでの要望であった。裁判所として一理ある当然の要望である。

弁護団はさらに述べた。被告人が現在あるような性情のままの被告人ならば、無職・無収入となった暁には、おそらく彼は気も狂い、世をはかなみ、今後は長くわが身の不幸と苦境に泣かなくてはなるまい。被告人のそのような人生を予見すれば、被告人の親族・友人たちの言うことには十分な理があると思われる。

弁護団はそうした意見を被告人に伝え、被告人の判断を仰いだ。

被告人もまた、その意見に賛同し、今までのような悪い因果の根を断ち切り、ただ今のこの裁判を利用し、この裁判を、自分の人生の転換点とし、まともな人生へと変換し、それに向けて再出発する方が、むしろ自分自身の真の利益に叶うはずであることを悟った。

被告人は意を決してさらに深く内観し、以前とは全く違った穏やかな人間に生まれ変わった。

都内の高価な自己の土地建物を処分し、植物人間となっている兄の妻子に対し、十分な被害弁償を行った。

執行猶予の判決を得た、かつての傲岸不遜な被告人は、自分の置かれた無職・無収入の地位を心から甘受し、自分は兄を殺し名誉ある地位を失ったが、刑事裁判を機に行った内観・カウンセリングによって、以前の有形の財産に匹敵する巨大な無形の財産を得ることができたことを喜ぶ心豊かな人間に変容し、真実の幸せを得たと喜ぶ人間に生まれ変わった。

被告人は執行猶予付きの判決を受け、東京を遠く離れた田園地方に移り住み、晴耕雨読の生活を始めた。兄は判決言渡しの直後に死亡した。

三　詐欺被告事件

アルコール中毒の被告人は、妻子ある身でありながら、既に連続して二度の無銭飲食詐欺を行い、連続して執行猶予付きの判決を受けていた。そのような前歴を持つ被告人は、直前の執行猶予期間がまだ切れないうちに、さらにまた、若い女性に結婚話を持ちかけて騙し、その女性やそのご両親から多額の金員を騙し取り、被害者に対し精神的にも財産的にも相当な損害と打撃を与えた。被告人は詐欺罪で起訴され、J弁護人が付いた。

被告人はそのJ弁護人に対し、もう一度執行猶予付きの判決を取ってほしいと懇願した。J弁護人は、そのような虫のいい要求を受け入れた上で弁護することは到底自分の主義に合わないことを告げ、今度は確実に実刑しかないから、覚悟するようにと厳しく戒めた。

被告人の妻はそれでも再度の執行猶予を諦めなかった。被告人夫妻は、かねてから日本新生断酒会に縁があり、当然のことながら被告人夫妻は内観法にはただならぬ関心を寄せていた。

断酒会からの紹介で内観法に詳しい弁護人を知った妻は、早速私の事務所を訪れ、被告人を一週間の内観実践によってアルコール依存から脱却させ、その上で被告人自ら妻とともに遠方に住む被害者にアポイントをとり、自宅を訪ねさせ、相当の慰謝料を支払って謝罪させるべく、その段取りを行った。

謝罪に行く前には、被告人は集中内観を実践し、大きく変容していた。

内観によって自己洞察のできた被告人は、みずから被害者の娘さんとその後両親に手紙を送り、他日謝罪のために お宅を訪れた上で謝罪をしたいと懇願した。

被告人の誠意は、被害者本人のみならずご両親にも伝わり、被告人自らが訪問して行う直接の謝罪や、被害弁償の話は一気に進んだ。

被害者に直接会って謝罪し、相当額の慰謝料も支払い、内観によって深く自己を見詰めて改悛し、断酒会にも通うことを誓った被告人は、晴れて三度目の執行猶予判決を得ることが出来た。

執行猶予の判決を得た後の被告人は、妻とともに新生断酒会に、毎回欠かさず熱心に出席し、完全にアルコールを絶ち、畳屋の修行に励み、一〇年目には小さいながらも家を建て、良きパパになった。

四　強姦未遂被告事件

国立大学学生であった被告人は、学業に身が入らず、留年しつつ辛うじて卒業を間近に控えていたが、ある夜、ガムテープやペンチなどを用意したうえ、強姦の目的で電柱によじ登り、女子学生のいる二階の住居部分に侵入し、その女子学生に襲いかかった。

女子学生は、幸いにして強姦被害からは危うくも逃れた。

この学生被告人の弁護人となった私は、被害者のご両親に宛て、被告人が内親によって心底改悛の情を示すときまで、決して示談はさせたくないので、しばらくのご猶予を賜りたいと電話で伝えておいた。

この被告人は、内観実践のために二度、内観研修所で集中内観をした。しかし真剣な内観はできなかった。そこで私は、彼を正しい内観に導入するため、カウンセリングを行った。内観に集中させるための動機付けも、同時に行った。

私のカウンセリングが終わるまで、学生のご両親は、固唾を飲みつつ別室で待機していた。それまで、自分の息子が人並みに人の忠告を了解するなどということは絶えてなかったのに、このたびは分かってくれたかと、カウンセリングの成果が現れたことを知った被告人のご両親は、涙して喜ばれた。

この学生は、私の行ったカウンセリングによって、二度の内観の中で掴み取っていた散漫な記憶想起の成果を、順序よく自らまとめ始め、次第に自信を取り戻した。

この学生被告人は、そのような内観カウンセリングの成果で眼が覚め、ようやく一人前に内観に集中できる青年となり、その準備を完全に整えたうえで、第三回目の集中内観に臨んだ。

第三回目の内観によって、彼はようやくにして、深い自己洞察と自己反省の境地に到達した。

私は約束どおり彼の代理人として被害者の女子学生の自宅まで赴き、犯人が今はようやくにして自己の悪業に気づき深く反省し、かつまた深く謝罪しているが、頭が悪くて謝罪の仕方も要領を得ないところから、やむなく代理人としてまかり越したことを告げ、ご両親から預かった相当額の慰謝料を、被害者のご両親に受け取っていただいた。

五　現住放火・殺人事件

一八歳のM被告人が、成人二名と共謀し、彼らの雇主夫妻が就寝中に、ガソリンと石油の混合液を振り掛け、マッチで火をつけ焼殺した。

少年Mは、刑事被告事件の進行中において、拘置所内で内観カウンセリングを受けた結果、あれほど憎んでいた雇主ご夫妻がいかに慈悲深い人であったかをあらためて知ることができ、そのような恩人を逆恨みし、殺害したことを心から悔い、深い反省に到達した。

私は少年Ｍの行った内観記録のすべてを、殺害された被害者のご親族にお送りした。

被告人が作成した内観記録は、深く被害者の親族たちの心を打った。ご親族は、亡き二人の被害者の祀られている仏壇に、被告人の作成した、切々たる謝罪と反省悔悟の記録を常時お供えして今は亡き兄弟たちを供養した。

被告人の作成した反省悔悟の記録は、犯罪被害者たちの冥福を祈るに足るものであるとともに、被害者の親族たちの心を深く慰めエンパワーする、たぐい稀なお供え物となった。

被告人が作成し、弁護人である私からお送りした、その内観記録によって心を癒されたご親族の方々は、被告人の両親をすら厚くもてなし、命日の法事にも被告人の両親をお呼びし、墓地にも案内して焼香させた。

少年刑務所を仮出所した被告人は、裁判中弁護人であった私とともに、刑務所からの帰途、その足で被害者ご夫妻の眠る墓地におもむき、合掌礼拝し、激しく涙を流した。

被告人の両親は、被告人の受刑中から、被害者たちの残した二人の幼子に対し、毎月いくばくかの養育資金を贈ることを許されていた。しかし、被告人が刑を終えて少年刑務所から仮出所するや、被害者の親族たちは、わざわざ被告人の自宅におもむき、被告人やその両親に会い、以後、このようなお心づくしは止めていただきたいと懇願した。

被害者のご遺族たちは、殺人者とその両親がお墓に参拝していただくだけでももったいないと言う。それ以上のご好意を、のうのうと受けることは、自分たちにとってあまりにも分を超えたことだというのであった。

被告人の両親は、以後焼殺された被害者の遺児に毎月送っていた養育料の送金を止めた。

少年Ｍが内観中に語った珠玉の言葉は、第八章第四節（二〇九頁以下）に、その一部分が述べられているので、興味のある読者は、参考にしていただきたい。

第七章　検察の臨床

一　父親を救出したロールプレイ

世の中には子供不良化の原因が、父や母などの歪んだ性格に起因することが比較的多い。一九六二年、私がまだ若い検事だったころの話である。

私の前に、青白い顔をした一七歳の少年が座った。腕には幼稚な刺青をしている。一年近く前から家出をし、同年輩の少女と、毎日畑を荒らし、時には万引きをしながら灰焼き小屋で生活をしていた。

この少年は中学三年生の頃、父親に対して、高校に進学させてくれといった。

父親はやにわに革靴を脱いでその革靴で息子の額を力一倍に強打した。

息子の額が割れ、鮮血が少年の服を赤く染めた。この父親は全国的にその名を知られた名士であり、仕事の鬼だった。

父は息子が荒れ、家出して女の子と野宿しつつ盗みを重ねていることが地域で評判になってしまったことに絶望し、いよいよ自分も名誉ある地位を捨てる以外になかろうと、検事の前で涙を拭った。

父親は言った。「私は仕事中毒です。正直申しまして、家に帰るのが何よりも嫌いです。夜中まででも会社で仕事をしていたい。」父親には社会的に認められるだけの優れた業績が事実ある。しかしその家庭は父親の一本気な性格のゆえに破壊されていた。

この息子は、ワーカホリックな父の性格ゆえに家出をし、盗みの罪で逮捕され、家裁送致を受け、少年鑑別所に入れられている。父はそのことについて、自分自身を省みることのできない、良くいえば仕事一筋の人だった。息子が不出来・不良だから、親は世間に対して顔向け出来ない被害を受けていると嘆いている。

息子が入れられている少年鑑別所は、検察庁の目と鼻の先にある。

「お父さん、貴方はあまりにも仕事熱心で、家庭人としての生き方となると、とことん不器用でいらっしゃる。私も身につまされる気持ちです。

ここから帰りがけに鑑別所に立ち寄り、息子さんの前にひざまずき、息子に両手をついて謝るのです。貴方にとって世間体がそれほど大事であるなら、どこかの偉い人や公衆に対して、公式の場で謝るのではない。誰も勝手に入ることのできない鑑別所をあなた一人が密かに訪問し、あなたの息子さんに密かに頭を下げて謝るだけでいいのです。それだけで貴方は暗黒の世界から脱出できるのですよ。」

「そんなことで自分の名誉が本当に回復できるのなら易いこと。すぐにでも実行します。」父親はそう言って検事の許を辞した。

しかしそうは言っても、プライドの高い父親が、腕に刺青をした非行少年に頭を下げることは、やはり容易なことではなかったらしい。彼はその日、約束を破った。

それから二、三日が経った。私は父親が約束を破ったことを責め、今度は私が父親とともに鑑別所を訪ねることにした。

「私はドアの外で聞き耳をたてています。どんなに恥ずかしくても、私にいわれたとおり、息子さんに両手を突いて謝るのです。」

私は因果を含め、父親を家族面会室に押し込んだ。

息子が面会室に入ってくるや否や、父親はもはやこれまでと、私に指示されたとおり、おたおたとぎこちない態度で床にひざまずき、両手をつき、

「お父さんが悪かった。許してくれ。」

と形だけではあったが、息子に詫びた。すると息子は、

「違う、違う。お父さん、僕が間違っていました。許して！」

と、父にむしゃぶりついて泣きじゃくり始めた。父親にとっては、まさかこのような展開になるとも思わず、検事にせかされ、仕方なくやり始めたのに、息子の方は、父の謝罪が単なるロールプレイだとも思わず、本気でガーッと、反応してきたのだった。

父親は息子の真剣な謝罪でいつしかロールプレイから脱し、こちらも本気で息子を抱きしめ、今までの父の無理解を許してくれと、心から詫び始めた。

面会室から出てきた父親は、

「検事さん、ウソからまことが出ました。しかし検事さん、私と息子の心を比べて見て、なんと自分の心のお粗末だったことでしょう。息子に手をとり親しく教えられ、今ようやくにして私は目が覚めました。」

と、流れ出る涙を拭きもあえず、検事の手を固く握ってそう言った。

この父親は長い間、学校の成績も悪く自分の意のままにならない息子を持って、さびしく辛かったに違いない。息子にしたって最愛の父親にほめられ認められることを夢見てばかりいたろう。

それは名優ジェームス・ディーンの演じた映画「エデンの東」に出てくる双子の弟キャルのように、「父に愛されたい」が、心の叫びであったろう。

この不出来な息子は、思い悩みつつ、事態は父親の最も嫌う、価値なき者の方向に向かってとめどもなく転が

り落ちていった。

その最終場面でこの父親は、最も価値なき息子だと信じて疑わなかったキャルに手を引かれ、常闇の世界から、まばゆいばかりに輝く、新しい家庭に連れ戻された。

本件の息子は、非行少年が収容される鑑別所という土壇場で、ゆくりなくも厳格一筋の父親から、こともあろうに、両手を突いて詫びを言われた。父もまた、思いがけなくも、最も価値少なき者と信じて疑わなかった非行少年の息子に、こともあろうに、泣きながら抱きつかれ、ごめんなさいと、心から謝罪された。

家庭生活に望みを失い、肩をすぼめて歩いていた父は、その息子に、言ってみれば手を引かれ、光溢れる我が家に連れもどされた。

家庭を追い出され、最も価値少ない日々を送っていた息子によってこの父親は、以前と同じ職場に、権威ある社長の椅子を確保してもらうことさえできた。

なぜそういうことができたのか。

家庭裁判所は、調査の結果、少年の父が心温かい人であり、少年も両親を尊敬し十分な保護能力もあり、家庭が極めて明るいことがわかった。

それで家裁は、少年に保護司をつけ、保護観察所の保護観察に付るために「保護観察」の決定をし、少年を家庭に返す決定をしたからである。

その少年事件の送致書には、警察署長の意見として、この少年は、非行の程度が著しく進んでいるので、少年院に送致するのが相当であると書かれていた。

二　精液の任意提出技法

一八歳の雄二少年が、自転車で帰宅中のＯＬを強姦の目的で追跡し、ＯＬの後ろから棍棒で彼女の頭を一撃した。少年は気絶したＯＬを桃畑に担ぎこみ、強姦の目的を遂げたという事件が発生した。女性は犯人の顔も見ていないし、他に目撃者もいなかった。犯人の遺留物として現場に残されていたのは、被害者の膣内に貯留していた少年の精液だけだった。その精液には精子が一匹も泳いでいなかった。無精子症の人は五万人に一人しかいないといわれる。

検察官会議の結果、その少年の精液鑑定をしてみて、もし精液中に確実に精子がいなかったならば、少年の自供とその他の状況証拠によって少年の有罪はほぼ間違いないから、「刑事処分相当」の意見がつけられるということになった。

精液を採取するには、ペニスをこすって勃起・射精させて採取する以外に方法がないということは、確立された法医学の常識だという。法医学の教授からそう教えられ、裁判官の鑑定許可状をもらい、雄二少年のペニスを摩擦して精液を採取しようと懸命に取り組んだ。しかしどんなに焦っても雄二のペニスはエレクトせず、法医学教室での少年の精液採取は先ず絶対不可能だということが分かり、私は打ちひしがれた。

若くて美しい看護師の手をかり、優しく雄二のパンツを開き、彼のペニスにアクセスしてみれば、あるいは道が開けるのではないかと思いつきそれを試みようとした。しかし雄二少年は、美人看護師の人影を見ただけで、柱にしがみつき、法医学教室に入ろうとはしない。

万事休す。私は鑑定許可状を裁判官にお返しし、暫くは呆然としていた。

その何日か後に、犯行現場の桃畑で、検証が行われた。

その時、一九四九年八月一七日に東北本線の松川付近で発生した、「松川事件」という列車脱線転覆事件で勇名を馳せた名刑事（当時もなお警視として現役の刑事の仕事に没頭していた神格化された刑事）が同行された。

私は少年被疑者の精液採取が行き詰まり、鑑定もできず、有力な証拠が入手できなくて落ち込んでることを、その警視にぼやきつつ話した。

するとその警視は、少年と並んで歩きながら、

「雄二よ。お前何時でもいいから、暇なとき、自分でマスをかいて精液を出してな、それをちり紙に包んで検事さんに送ってあげなさい。検事さんは、お前の精液が、とてもほしいんだって。」

と、事もなげに話した。あっという間の出来事だった。彼は、マスターベーションの体験はまだありませんと私に語っていたので、その意外さに呆れながらも、私は拘置されてくさりきっているYに、自分でマスターベーションして、云々というようなお願いは、気にはなりながらも、する勇気がもてないでいた。

それから暫くたって雄二少年は、拘置所から分厚い手紙を私宛にくれた。その手紙には、「何度も失敗しながら、やっとこれだけ自分の精液がとれました。どうぞ使ってください。」と書いてあった。

少年の送ってくれた精液は、すでに固形になっていたが、それを警察の鑑識課が、水に戻して顕微鏡検査して見たところ、精子は、全くいなかった。

男の最も恥ずかしい部分を、白衣の法医学教授が精魂込めてこすり上げても、それは役に立たなかった。このような困難な回り道を通ってみて、柔らかなカウンセリングマインドというものがいかに人の心を傷つけないで、クライアントを自発の境地に立たせるものであるかを、しみじみと悟った。

三　ある死刑事件捜査のプロセス

一九六三年、引ったくり事件で裁判中の被告人が保釈されるや、ある夜、妻とその母親の就寝中に彼女たちの頭に三つ鍬を振り下ろし、重傷を与え、血の海の中で泣き喚いている生まれたばかりのわが子のためにと贈られた祝儀袋のすべてを奪って逃走した。

住む家もなく職も失った被告人Ｓは、その後県内各地で連続して強盗と窃盗を繰り返しながら一か月あまり食いつないでいた。

ある夜、例によって強盗に押し入り、深夜月もない夜の山越えをし、午前二時過ぎ、腹ペコのＳは、山口県下松市郊外の橋の上に現れた。

その時、橋に差し掛かったクラブのホステスは、Ｓの持っていた小型の出刃包丁で心臓を一突きで殺害され、所持金を奪われた。

空腹の彼は食べ物を求めてその付近の二階家に、軒から飛び込んで侵入し、食べ物を探した。がさごそという音に眼を覚ました主婦から誰何されるや、その一時間前にホステス殺害に使ったばかりの出刃包丁で、彼女の口をめった突きにし、重症を負わせて逃走した。

まもなく逮捕されたＳは、下松警察署におかれた、特別捜査本部で取調べを受け、橋の上での強盗殺人のところまでの犯行数十件はすべて自供した。

しかしその直後の二階家での強盗殺人未遂については、知らぬ存ぜぬで否認を続けた。

捜査本部は、Ｓの否認をもてあまし、「捜査完了」としてＳの身柄を山口刑務所の未決監に送り込んだ。

私はＳの身柄を受け取った後、毎日のように刑務所に出かけ、Ｓの取調べをした。取調といっても殆どの時間、

Ｓとただ黙って向かい合い、時折り彼のこれまでの人生での、身の上話を聞かせてもらっていただけの三日間であった。

三日目の昼すぎ、Ｓは、突然、自分の見た夢の話をするから、検事さん、ばかにしないで聴いてくれと言った。

「夢の話とは面白い。話してごらんよ。」

「僕は昨夜、こんな夢を見た。棒高跳びの要領で、釣瓶井戸の小さな屋根に飛び上がり、そこから母屋の屋根に飛び移り、何軒かの屋根を伝って二階家に侵入した。それから先は、夢から覚めた。」

私は、その三日間、Ｓの供述を求める気持ちはあったが、Ｓの供述を調書に作る気持ちはなかった。だから事務官も連れず、自分独りで出かけていた。

供述調書の用紙も、メモ用紙すら持っていなかった。

刑務所に出かけたその目的は、あくまでＳから二階家での事件を聞き出すためだった。しかし、たとえ、万一Ｓが二階家での強盗殺人未遂事件について自供を始めたとしても、検事の私はそれを調書にとって検察庁に持ち帰る気持ちはなかった。

私は既に解散している特別捜査本部の幹部係官に電話をかけ、一度刑務所に出かけて、Ｓの夢物語を聴いてやってはもらえないだろうかとお願いした。

翌日の朝刊各紙には、Ｓが二階家での、強盗殺人未遂の犯行を警察本部の警部に自供したことを、大々的に報じた。

かつての日本の警察の犯罪検挙率は、常に世界のトップレベルだった。それが今は昔の物語となりつつある。

昔のデカさん（取調べをする刑事）たちは、自分たちが、人の心を読む名人であることについて一種の気概と誇りを持っていた。彼らは実にやわらかな心を持っていた。

だから先の第二節で出てきた老練な刑事（この刑事は警察の位でいえば、警視だった。警視といえば、通常、警察署長になれる階級である）のように、裁判官の身体検査令状や鑑定許可状が何の役にも立たなくなった時点で、きらりと光る、柔らかな言葉で被疑者の心を揺さぶる力があった。そうしたベテランの刑事がわんさかといたからこそ、日本の刑事警察は世界に冠たるものとして輝いていた。それが今ではどうだろう。刑事になり手がないという世の中になってしまった。検挙率は、二〇〇三年で二三・五％に達しない。

一九八二年ころ、学者知事として当時有名だった長洲一二神奈川県知事は、自ら数十冊の教育関係図書を読み漁り、「騒然たる教育論議を巻き起こそう」という演題で講演し、神奈川県県下のベテラン刑事たちを小中学校の教諭として採用すべしと叫んだ。ベテラン刑事はまたカウンセリングの大家であることが多かった。

かつての刑事警察は、夢物語の中から、自供を引き出すこころ柔らかな刑事で溢れていた。だから長洲知事は、そのようなアイディアを、県下の教育界に問いかけたのである。

話を元に戻そう。

被疑者Sが私に「夢物語」を語ったその後、「僕は死刑でしょうね」と、私に向かって呟いた。私は聞こえない振りをして、その場を跡にした。

特別捜査本部というのは、単なる制度や組織である。大きな犯罪事件を処理する能力は、個々の捜査官と被疑者とのコミュニケーションの上に成り立つ。

そのようなことが、今日、何故か刑事たちの心から急速に消えうせつつあるように思われる。

Sは、求刑どおり死刑の判決を受け、その数年後に処刑された。

第八章　犯罪被害者の支援の臨床

一　序　説

被害者のための正義（Justice for victims）という言葉は、一九五〇年代から六〇年代にかけてイギリスを中心に起こった「被害者運動」（victim movement）を理論的に支えたマージャリ・フライ（Mergery Fry）の言葉であるが、従来、権利とか正義と言う言葉は、被害者ではなく、加害者である犯罪者に対して使われていた。しかし、このように国家権力に対立する概念として「権利」を理解する考えは、もはや世界的には少数派だとされている（諸澤英道「被害者関係的刑事司法と犯罪者の処遇」刑政一一三巻二号）。

イギリスで起こった被害者運動は、被害者を「忘れられた人々」（forgotton person）にしている刑事司法は正義に反するとして、被害者対策の必要性を指摘した（前同書）。

わが国における刑事司法は、国家が犯罪者を訴追する手続きであり、刑事裁判は国家や社会のために行われるのであって、被害者のために行われるのではないということの考え方は現在でも根強い。

最高裁は、「犯罪の捜査および検察官による公訴権の行使は、専ら国家・社会秩序維持という公益を図るためのものであって、被害者の被害の回復を目的とするものではない。被害者または告訴人が捜査または公訴提起によって受ける利益は、反射的にもたらされる事実上の利益に過ぎない」と述べている。

これに対して諸沢英道学長は、当事者である被害者には、適正な捜査と公訴は、今後の人生と引き換えにしてもよいほど重要な問題であって、国家にはその期待に副える責任があるとし、この判例に疑問を感じる人が少ないことに遺憾の意を表している（前同書）。

犯罪被害者の支援と救済、こんな標語が弁護士の世界にもたらされたのは、二〇世紀末のことである。いまようやくにして人々は具体的な対策を模索し始めた。

ある人は犯罪被害者の陥りやすい精神的外傷やその遷延性の病態や病理の研究に没頭し、ある人は国家による犯罪被害者の金銭的補償の充実・拡充ということを考え、またある人は、警察と検察庁の、犯罪被害者への対応に抜本的な改革を成し遂げようと、真摯な努力を行いつつある。

それぞれがボランタリーに、臨床的研究を横目で見つつ、それぞれの立場や方法で、硬直した制度作りや冷たい理論的研究を始めている。各地の弁護士会にしても、カウンセリング技法の習得だけは避けつつ、全く血の通っていないなにがしかの新しい対策に、第一歩を踏み出そうと、懸命の努力を重ねつつある。

弁護士たちの行うリーガルクリニックの対策のことごとくは、依然として、彼らのゆく手に聳える、被害者たちの怨念やPTSDといった、想像を絶する、厚い心の魂にぶつかり、そこでたじろぎ、絶望状態にとどまり続けているようにおもわれる。そうかと思えば、犯罪被害者たちの、想像を超えた貧困ぶりに手を上げ、言葉を失っている。

戸田直義という一人の強盗殺人犯人が、逃亡先の紋別から四国高松の警察に連行されるときのふてぶてしい態度からはじまり、やがて内観し、死刑判決によって処刑される直前までの期間、血を吐くような改悛、懺悔に満ちた言葉を収録したテープがある。私はそれを、幾度となく聴いた。彼は、拘置所内で内観をした死刑囚であった（第七章第四節）。

「今何を望みますか」という報道記者の問に対して、戸田直義は、「できることなら、自分の首を被害者の首と差し替えたい。被害者に生き返ってもらうのが、最高最大の望みです」という。「君の来世についてどう思うか」という問に対しては、「これだけの大罪を犯した人間です。人間に生まれ変わらせて頂くことは考えていません。何千億年かの後に人として生まれ変わることを許されたとしましても、最低のところにお願いしたい」といっていた（本書一六六頁）。

報道記者は、そのテープを殺された被害者の妻に聴かせた。被害者の妻は、「人の心は何千年経っても、報復感情はなくなりません」と、静かに言った。

死刑廃止論など、ここから出発すべきだ。

私の知り合いである、身近な犯罪被害者の遺族の苦しみについて、もっと具体的にお話ししてみたい。

一九九六年ころのある日、池袋の東京芸術劇場のホワイエで、ノートルダム清心女子大学理事長、渡辺和子先生にばったり出会った。先生は一九三六年、九歳の時、二・二六事件で、お父上である、時の陸軍教育総監渡辺錠太郎大将が、反乱軍に撃ち殺されるのを、官邸内の至近距離で目撃された方である。「どうしてこんなところへ」と尋ねた私に、渡辺先生は、こう答えられた。

波多野先生、今日は私にとってとてもたいせつな記念の日なのです。二・二六事件の犯人の方々からね、かねてから父のお墓参りをしたいという希望が寄せられていたのです。わたくし何年も何年もかかって、彼らとの和解を考えました。事件から五〇年以上も経った今年になってようやく彼らを赦すという決心がつきました。父のお墓の在りかを彼らに教えてあげましたの。

すると彼らは、せめてものお礼ですといって、今日の音楽会のチケットを贈ってくださったのです。このような日に波多野先生とお会いできたというのも、何かのご縁ですね。」

渡辺和子先生は、若くして修道女の路に進まれた。そのようなお方でさえ、殺人者を赦すのに半世紀以上もの年月がかかったのですと、私に告白された。

私にはまた、このような体験もある。四〇年も前のことであったろう。私の小学校の同級生の女性Uさん（当時三五歳前後）が、山越えの小道を越え、夕方我が家へと向かっていたとき、強盗に出会い、金品を強奪された。彼女は事件直後、何十キロの離れた町にある警察や検察庁で取調べを受けた。その頃の被害者本人の司法警察員や検察官の調書は、「恐ろしかった、怖かった」という単純な言葉で締めくくられるだけの、平板な心情の記録であったろう。

ところが実は、事はそれほど単純なことでは済んでいなかった。

やがてUさんは、かつての精神的外傷《トラウマ》による恐怖の思いに日夜苛まれ、やがて足腰が立たなくなり、床に伏し、一か月以上も水を飲むだけの、寝たきり病人として過ごした。彼女だけではなく、年老いた彼女の母親も、娘の苦しみを見るに耐えかね、母親までも精神的外傷《トラウマ》から、長い間床に付し、苦しんだ。私はこの時このような状況を目撃し、多くの凶悪な犯罪に遭遇した被害者は、長期のトラウマに呻吟しなければならないであろうことを認識した。

強姦となれば強盗などの凶悪犯罪を超えて、さらに犯罪被害者の受ける精神的外傷《トラウマ》は、重篤なものになるであろう。そのようなことが人々に理解し始められたのは、それから四〇年も経ってからのことである。

現在の刑事法廷であれば、こうした被害者にも公判開廷通知が送られるようになった。被害の実態が、ようやくあらゆる人々に正しく伝えられる時代が来ようとしている。

二　少年のけんかの仲裁

一九九五年六月、岡山市内で高校生一人が中学生五人に暴行を受け、約三週間の怪我をした。高校生側は中学校と警察に真相究明などを求めたが、納得の行く説明を得られなかった。警察は喧嘩両成敗として、調書もとらずに事件を処理した模様であった。

傷害事件として立件もされなかった腹立たしさから、被害者の両親は、岡山簡裁に、慰謝料五〇〇万円を求める調停の申立てをした。それは不調に終わった。

被害者はそれにもへこたれず、岡山地裁に提訴したが、被害者の両親たちの代理人は、正式な裁判で争えば、どうせこちらは敗訴する。それは当然だが、それでは加害者と被害者の溝は深まるばかりで、将来に向けての真の問題解決にはならず、双方の溝が深まるばかりになることを懸念した加害者側の代理人は仲裁の申立てをした。

仲裁人は被害者宅に電話し、加害者の代理人から仲裁の申立てがあったことを報せると同時に、被害者の父親に対し、仲裁センターの和解あっせんの趣旨やシステムなどを丁寧に説明した。被害者の父親は、仲裁センターからの事件受理や仲裁のシステムについてのお報せに対し、次のような返書を出した。

「これまで三人の弁護士に相談したが、仲裁のことなど誰も教えてはくれなかった。また、訴訟も引き受けてはくれなかった。仕方がないので、私自身で調停の申立てをしたり、訴訟の提起もした。今やっている訴訟に悪影響がでないのであれば、仲裁にも関心がある。」

第一回仲裁期日（一九九九年一月一四日）には、仲裁人は、弁護士会職員の協力を得ながら仲裁室に植木鉢を搬入し、湯茶接待の準備をした。「穏やかな雰囲気の仲裁審理室」作りをした。二弁やその他の仲裁センターのセンスでは、到底考えも及ばないことである。その事件の関係者は、被害者の両親二人、加害者の両親一〇人、仲裁人二人、合わせていた一四人に及んだ。

仲裁審理は弁護士の仲裁人と、カウンセラーの仲裁人二人で進めている。

第二回期日（一九九九年二月二日）では、被害者・加害者双方の両親同席で行った。

被害者の父親は激昂し、「おめえらあ、ウソばかりいう。いつもそうだ。」これに対して被害者側の一人の父親が立ち上がり、「おめえとはなんなら。ワシとおめえでさしの勝負をせんか。」などと、激しいやりとりもあった。

しかし他方、加害者側の二人の母親たちは、「もっと早く謝りにゆけばよかった。」などと神妙になり、被害者側も、「先ほどは感情的になって、失礼な発言をして申し訳なかった。」と、謝罪した。

同席仲裁では、双方とも次第に心を開き、二回目の審理期日に、加害者側が五〇万円を支払うことで和解が成立した。

驚くなかれ。毎日新聞は、同年一一月、この仲裁記事を、全国紙の二面全体にわたって詳細かつ大々的に報道し、論評し、評価している。

朝日新聞の報道にも特色があった。和解成立の後の四月九日の記事を見ると、そこには次のように仲裁手続きの模様について要領よく報道しているだけでなく、仲裁の意義や、和解以後の状況についても報道している。

保護者の一人は、「子供のけんか程度にとらえていた。事実関係で反論したい思いが先立ち、相手の気持ちにまで思いを寄せたりすることができなかった。しかし今は、相手が苦しんでいる気持ちは、会って相対で話をしてみてそれなりに分かった。仲裁のとき会わなかったら、双方の溝はどんどん広がっていたと思う。」とこのように振り返っているし、

被害者側も仲裁センターでの解決の仕方を歓迎している。両親は、「言い合いもしたが、最終的に謝ってもらえた。それが子供にとって何より大きな収穫です。」と話す。さらに、「仲裁では話をじっくりと聞いてもらえた。事実関係ははっきりしないままになったが、訴訟を続けていたら、時間もかかり、しこりも残っただろ

う」とよろこんでいる。被害者と加害者は同じ校区に住む。解決前は、親同士がすれ違っても知らん顔だったが、今後は、会釈くらいはできそうだと話している。

と報道している。

岡山仲裁センターの作成した報告記事は、事件審理の概要についての内容は詳細だが、審理終結、和解成立後の当事者の模様については、全く触れるところはない。それが悲しい。

ＡＤＲの特色は、訴訟や調停と違って、将来への展望を開こうとするところに大きな存在意義があるのだ。だから報告にこの部分が抜け落ちたら、価値は半減するというべきである。

この事件のように、犯罪被害者に関する仲裁解決事例を取り扱う場合には、審理終結後の双方の関係改善がどうなっているかを、できる限り詳細に明らかにすべきであろう（高原勝哉「犯罪の被害とその修復」西村春夫先生古稀祝賀、三一八頁参照）。

三　少年の強盗致傷事件の仲裁

Ｎ子（六〇歳）は、一九九七年のある日の午前四時四五分ころ、自分の経営する飲食店の営業を終え、徒歩で帰宅中、少年ＡＢＣＤの四人に襲われ、暴行を受け、眼球打撲、義歯破損、胸部打撲などの傷害を負ったうえ、店の売上金約四〇万円入りのバッグを奪われた。

そこでＮ子は、一四歳から一六歳の少年ＡＢＣＤとその保護者を相手方として、五八五万円の損害賠償を求め、岡山仲裁センターに仲裁申立てをした。

申立て時には、家裁の少年審判は終わっており、主犯格のＡ少年は少年院送致となっていた。ＢＣＤは、いずれも保護観察処分になっていた。

仲裁期日には、ＡとＡの保護者は一度も出席せず、ＢＣの両親とＤの母親（母子家庭）は、殆ど毎回。Ｄ本人も一回出席したが、その支払能力には問題があった。

また、暴行と後遺障害との因果関係は、証拠のうえでは明確ではなかった。

最終的にはＮ子は、ＢＣの両親、Ｄ本人とその母親の謝罪を受け入れ、次のような和解をし、弁済が実行された。

Ｂとその父親は、一〇〇万円を即時全額支払。Ｃとその父は、一〇〇万円を、毎月一〇万円宛分割して支払い、その支払いを終えた。Ｄとその母親は、一〇〇万円の支払い義務を認め、毎月一万円宛送金して支払うという約束だったが、二〇〇〇年現在、一七万円でストップしている。

Ａが少年院を出たのは、二〇〇〇年二月だった。Ａの父は長距離トラックの運転手で、自己破産を申立て、免責を得ている。そんなことで、本件でも被害弁償はゼロであった。

犯罪被害者のＮ子は、その後恐怖感に苛まれ、店に新規に保安要員を置いたり、身の安全を守るため、店への通勤をタクシーにしたりした。

加害者やその親たちからの謝罪もあり、相当の被害弁償もあったが、その後の調査では、被害者は、上記のような仲裁手続きに、かなりの不信感を抱いているという（高原勝哉「犯罪の被害とその修復」西村春夫先生古稀祝賀、三二五頁）。

四　強制わいせつ事件の仲裁

Ａ子は小学校五年生の少女。加害者Ｂは刑事訴追を受け公判中の被告人で、Ａ子の隣の町に住む妻子のある中年の男性。Ａ子は下校途中に、Ｂの車に連れ込まれかけた。Ａ子が大声を上げるなどして抵抗したため大事には至らなかった。

A子は、事件に遭った直後、恐怖のため失禁した。その下着が押収された。

被害者の両親は、それを早く返してほしいと何度も警察に求めたが、仮還付はしなかった。A子は、事件当日の夜から、警察で、殆んど連日長時間の事情聴取を受けた。その際、男性警察官から、「胸は何カップか」とか「下の方はもう毛は生えているか」などと尋問され、ショックを受けた。

A子の母は、警察から、被害を受けた子の親としての感想を書くようにいわれ、一字一字、心を込め、辛い思いを書いて提出したが、その書面は、法廷で、検事が小さな声で早口にさーっと読み飛ばしただけであり、あまりの誠意のなさに、母親は大きなショックを受けた。

加害者Bの代理人から岡山仲裁センターに仲裁申立。A子の父は、応諾の条件として、
① 岡山仲裁センターまで出るのに五時間もかかるので、近くの仲裁センター分室で審理してほしい。
② 審理期日を午後一時ないし三時に設定してほしい。
と申し入れ、そのように設定され、実施された。

審理期日、A子の父親は、加害者本人に、「あんたは反省しとらん。自分の子がこのようにやられたらどうするんか。あんたには人間の血がながれとるんか。」などと激しい罵声を浴びせた。

仲裁人は、加害者が口下手で思うことが十分に言えそうにないと見て取り、謝罪の気持ちを書面で提出するように促した。和解金一〇〇万円で和解成立。

加害者は刑事裁判では、和解が成立していることを情状として汲んでもらい、懲役二年、執行猶予三年となった。

犯罪被害者に対する支援の体勢は、手続全体の親切さだけ見ても、全県下に及ぶ分室の設置や、審理室に植木鉢を配し、壁には額縁をかけ、仲裁手続き参加者たちに湯茶の接待をする。このような仲裁センター関係者の気

配りは、リーガル・カウンセリングマインドなしでは、理解も実行もできない。

さてしかし、この事件の警察や検察庁の捜査係官は幼い被害者の羞恥心や、母親の心を深く傷つけている。それは、被害者が幼い子供であるだけに、一生取り返しのつかない精神的外傷として残ることになる恐れのあることを、深く反省すべきだ。それだけではない。警察や検察庁の、参考人取調室のたたずまいはどうなっているのだろうか。生花の一輪でも机の上に置かれ、壁に一枚の絵でも飾ってある、そんな取調室であってほしい。警察官や検察官の自己改革が、今なお大きな課題として取り残されたままになっている。

この種事件では、一般に、手をかければかけるだけ二次被害が広がるといわれているが、なるほどもっともだと頷かされる。

この仲裁審理期日で、仲裁人が、審理を行う場所や時間などに配慮し、口べたな加害者の後見役をつとめている。仲裁審理の、中立・公正さを保持しながらこうした後見的役割りを行うのは、決して容易なことではない。日頃の絶えざるカウンセリング・トレーニングを積み重ねた岡山仲裁センターの面目躍如たるものが感じられる。仲裁人たちは、さらに自己研鑽に励んでいただき、わが国仲裁センターの羅針盤として輝いてほしい（高原勝哉「犯罪の被害とその修復」西村春夫先生古稀祝賀、三二六頁参照）。

五　刑事法廷での証拠調

残虐な殺人事件などでは、捜査検察官は、被疑者取調べの時、無残に惨殺された被害者の死体写真や、法医解剖写真などは被疑者に見せようとしない。

「何故しないのか」、という私の質問に対し、そのことで被疑者がショックを受けたなどと言い出し、供述の任意性に問題が生じるからだと弁解する。

犯罪被害者学のリーガルクリニックは、そのような検察官のこころない弁解の対極地点から芽生えて行く。公訴権を預かる検察官として、そのような弁解は、正義の大道から著しく外れた身勝手な思惑に過ぎない。私はこの種の事件の公判廷では、何時の場合でも、少なくとも三〇分の時間をいただいて、被告人に、そうした残虐な自己の犯行の一分始終を、隅から隅まで分からせるべく、血糊の流れ固まった現場写真、解剖写真などを、ゆっくりと示して見せることにしている。

ところが検察官のみならず、多くの刑事裁判所も、検察官の思惑とは異なった視点から、裁判長の一声で、それら写真の被告人への開示が不許可とされることが多い。

裁判所もまた、被告人に対し証拠図面や証拠品写真の開示は許可しても、捜査記録に添付された残虐な犯行の現場写真や解剖記録の部分のみは、被告人に示して質問などしないようにと、わざわざ弁護人に釘を刺す。

弁護人が多くの被告人に面会して尋ねてみると、彼ら被告人は、犯行の詳細も、死体に残されている損傷の痕跡も、犯行によって流れ出た血液で汚染された衣服や室内の状況なども、殆ど忘れ果てている。

だから被告人に、犯行時の状況を想起さ、記憶の再現を迫るために、そうした生々しいカラー写真は、なくてはならない、かけがえのない証拠である。

今まで一〇〇年以上も、日本の刑事法廷では、「被告人の改悛、反省」という空々しい言葉が、殆ど意味もなく繰り返されてきた。これもまた、リーガルクリニックの視点からいうと、本質を外れたその場しのぎの手法でしかなかった。

犯行について反省しようにも、被告人は犯行時夢中であり、反省の原点である犯行状況を忘れている。

記憶の再生に役立つはずの最優良証拠である血痕の飛び散った現場写真が検察官や裁判所によって意地悪に秘匿されたまま、ひたすら口先では、「反省せよ。お前のやったことは、自分自身にはすべて分かっているはずだ」と無理難題を押し付ける。

あるとき私は、すべての殺害現場写真と解剖記録が白黒コピーのままで綴じこまれている記録に遭遇した。被告人は暴力団の組長による殺人事件において、被害者の居場所を実行正犯の組長に教え、殺害に使用するピストル二挺を組長に渡し、組長を被害者の居場所に案内し、殺害を実行させた者である。被告人の罪は重い。被告人は、組から足を洗うため、徹底的に反省したいという。そのようすがとして、公判期日には被害者の母の嘆きも聞きたい。撃ち殺された被害者の生々しい現場写真をも、法廷でゆっくりと見たいと言う。

私は裁判所に、白黒コピーになっている公判調書の現場写真や解剖記録の部分を全て、カラー写真に入れ替えてほしい。検察官は、改めてそれらのカラー写真を、裁判所に提出し、弁護人の行なおうとしている証拠調手続に協力してほしいとお願いした。裁判所・検察官は私の意向を汲んで記録を作りなおした。

公判当日、弁護人である私は、被告人が血塗られた死体の写真を見て失神しないよう、終始注意しながら、何十枚という犯行現場のカラー写真を被告人に示しつつ質問した。

被告人はそれらを見ることを、もとより極度に怖れていた。そのため、十分心の準備をし、覚悟を決めてそれを見たのであった。途中で気を失いそうになったのか、よろけたりしたが、写真から眼をそむけたり眼をつむったりすることはなかった。殺害された被害者の母親の証人尋問も行われた。

刑事裁判の後には、行刑施設における、犯罪者の矯正教育という困難な国家的事業が続く。その矯正教育についていえば、犯罪者矯正教育の原点の一つは、そうした証拠調手続の的確な実施結果による自己の犯行についての再確認に他ならない。

従来の裁判所は、裁判はすれども、「犯罪者の矯正」については殆んど全く無関心であった。

刑事裁判をリーガルクリニックの観点から俯瞰すると、捜査、起訴、公判運営、判決、それらのすべてが犯罪者の更生矯正教育を予定し、それに奉仕するための手続きとして再構成されなくてはならない。

今までのような、犯罪者の矯正教育と全く関連のない公判儀式は、根本から改められなくてはならない。

六　医療過誤の被害者救済

(1)　被害者の持つコンプレックス

私は今まで、仲裁審理手続きの中で、穏やかに紛争当事者に近づけば、ＰＴＳＤの被害者も心を開くだろうと簡単に考えていた。仲裁人という立場に立って、以下に述べる医療事故を審理したその体験からいうと、私はＰＴＳＤの犯罪被害者を発見する能力に欠けていた。アクセスするのをためらう気持ちもあった。審理を始めようとするその前に、犯罪被害者にありがちなＰＴＳＤをめざとく発見し、カウンセリングによってその強固なＰＴＳＤを取り払わなくては、人々の心の中を覗き見ることはできない。

当事者が納得できる審理を終えることはできない。

「犯罪被害者の支援」という点から見ると、法専門家の持つ紛争解決手段としての仲裁センターは、最も市民の心に近い位置にあるとされるが、しかしその制度の中で、適切な犯罪被害者支援を実行しようとすると、それすらも決して容易なことではない。

なぜかというと、法専門家が支援し、救済しなくてはならない犯罪被害者の多くは、精神的外傷（トラウマ）を背負っており、そのうちの多く人々は、ＰＴＳＤという精神的外傷から来る後遺症ともいうべき怪物に取りつかれ、呻吟しているからである。

われわれ法専門家は、最悪の場合、彼らの背負っているＰＴＳＤを乗り越えてゆくべき究極のカウンセリング的、ケースワーク的方策を、その都度、賢明に探り当て、適切に実行して行く必要がある。今のところはこれといって著効のある究極の方策は発見されておらず、現今行われている支援とか救済手段は、要するに金銭的賠償に関する対症療法的なものの氾濫に過ぎない。それらの氾濫は、まさに度を超えている。

犯罪被害者に対する支援や救済方策は、だから著しく遅れているというべきだ。これをテーマとした研究会やセミナーや、シンポジウムに出て見ると、そのあまりの無内容と、安直な解決策に落胆することが多い。

前項までに示した岡山仲裁センターの行った犯罪被害者の仲裁業績は、毎日そして朝日新聞という、わが国の大新聞を驚かせるほどの斬新なものであったが、その詳細をみると、それらは、犯罪被害者にありがちなＰＴＳＤの被害者を受け入れつつ解決した、困難な事案では決してない。しかし輝いている。

犯罪被害者支援方策がいかに困難な仕事であるかは、ＰＴＳＤのクライアントにどうしたら向き合えるだろうか、アクセスできるか。さらにそこにまで進んでほしい。そのためには、ＰＴＳＤを十分研究しておいてほしい。

本項では、私が二弁仲裁センターの仲裁人として遭遇した一人のＰＴＳＤクライアントの臨床体験を通し、そのコンプレックスが、その言葉どおり、いかに複雑な複合体であるか、そしてまた、その複合体が、不安感や、強迫観念によって強大なエネルギーを持たされているかを明らかにすることから始めたい。

(2)　ある日の仲裁審理

二〇〇二年、私は医療過誤で数年苦しみ、ＰＴＳＤ状態にあるＯ夫人が、二弁仲裁センターに申立てた仲裁事件を審理し、曲がりなりにも解決した。

この医療事故は、医師が手術完了の際、完全に取り出しておかなくてはならないガーゼを腹部に漫然遺留したまま縫合するという業務上過失から引き起こされた腸管癒着による腸閉塞の発生に由来する。ということで、Ｏ夫人はまさに犯罪被害者である。

この仲裁手続きに、被害者本人が出てこられたのは、第一回と第五回の二回だけだった。第一回期日では、Ｏ夫人は沈黙しているか、泣くかのどちらかであり、発言は全くなかった。その後私は、Ｏ夫人に宛てて、幾度となく電話やＦＡＸで、審理期日に出ていただくよう連絡したか知れない。仲裁人補助者である若い弁護士の山本敦子弁護士も、女性の立場から、Ｋ県のあなたのお宅まで出かけてもいいのですよと、涙ぐましい献身を示されたけれども、それでも効き目はなかった。

初回期日に私は宣言した。

被害者のＯ夫人は、すべての審理期日に出席することは不可能だとおっしゃるが、私は、少なくともこの事件の最終審理期日には、被害者、加害者ご本人に出ていただき、加害者から直接被害者本人に、誠心誠意謝罪していただいた上で、この審理手続きを終えたい。これは仲裁人である私の究極の願いです。

それから一〇か月後、この事件の審理が終結し、犯罪加害者である医師から数百万円の損害賠償金が支払われた。

それから半年後、私は夫のＯさんに電話し、事件終結後のＯ夫人の心境を尋ねてみた。

Ｏさんのご主人が電話に出られ、審理についての感想や、被害感情について率直に答えてくださった。しかし、この度電話で近況の問い合わせがあったなどのことは、とても妻には言えない。もうこの件については、これっきりにしてくださいと、半分泣きながら言われた。私は震え上がった。

(3)　ＰＴＳＤの原因探求

なぜ私は震え上がったか。Ｏ夫人は医療事故による腸閉塞は完全に快癒されたのに、今でも夫婦間で、この仲裁事件について話もできないほどの恐怖を引きずりつつ生きているという。そのことは、事件の審理中、私は気づかなかった。

事件の審理終結の七か月後に、私からかＯさんの安否を尋ねた電話に出られたＯさんのご主人によって始めて私は、Ｏ夫人のＰＴＳＤに気づかされた。

審理期日のころは、終始こともなげに審理を進め、そして審理を終えた。仲裁人としてこのような不明は、決して二度と再び許されるべきことではない。

完全に治癒したO夫人の腸閉塞症。それなのになぜO夫人がこれほど精神的に傷ついたままであるのか。そのようなことは、犯罪被害者のかかりやすいPTSDに対処するうえで、何らかの参考になるかと思う。

O夫人は、種々の原因が重なり重なって、仲裁手続きが終わった後も、今なおPTSDで苦しんでいらっしゃるという。それでPTSDというものの怖さの正体も、私なりに、おぼろげながら把握できてきたように思える。

O夫人は今から九年あまり前に子宮内膜症炎で手術された。「女の象徴」ともいうべき子宮や卵巣にメスが加えられ、女性として鬱屈した思いがあったかも知れない。

そのあとさらに、ガーゼを腹腔内に遺留されたことから、五回も入退院を繰り返す羽目に陥った。そのうえに、開腹手術をした医師からは、

あなたの病は、これから先、多分現状のままで一生推移するでしょう。完治するということはまずもってありえないことです。

と、きっぱり宣告された。

それもそのはず。ご本人の腸管や子宮は数箇所で強固に癒着し、腸管に五ヵ所ある癒着箇所は、いずれもやっと箸一本が通るくらいに狭くなっていた。これでは流動食でない限り、腸管の狭窄部分を食餌が通過して行くことは不可能だ。

それに加えて重い腸閉塞だから自律神経系の行う蠕動運動は極端に阻害され、蠕動運動をしようとする自律神経系は極度に痛めつけられ、食事のたびごとに局所に耐えがたい激痛を走らせる。そのような激痛と、食事が思うようにとれないという悩みが常時襲いかかってくる。そしてその状態は、「治ることなく一生続くであろう」と、主治医から宣告されていた。

その宣告を聞いたとき、O夫人はどんな深い絶望の穴底に突き落とされたことであろうか。

その後主治医はこれだけ癒着体質の甚だしいＯ夫人の腹にメスを入れた。こんな癒着体質のひどい患者の腸閉塞を開腹して根治しようと考えたとすれば、その主治医は、腹膜などの癒着がひどいため、おそらく開腹して行う腸管癒着手術は途中中止せざるをえなくなり、癒着箇所の障害は、以前に増してひどくなるだろう。と、このように予見したに違いない。だからこそ数年間、手術もせず、専ら漢方薬の服用による食餌の流動化という対症療法のみに依存していたのだと思う。ところが主治医は、ある日ともかく開腹した。

どうせ私は一生この痛み苦しみを背負ってゆくべき患者だ。

そのような観念が毎日の入院、通院生活の中で繰り返し意識にも、そして無意識下でもデンと居座り続けていたご婦人の開腹手術を決行した。

開腹して見たらガーゼという異物混入のための癒着だとわかり、それを除去したところ、Ｏ夫人は一気に快癒した。

原因物質が体外に取り出されたのであるから、Ｏ夫人は、もう今までのような痛みや苦しみから完全に解放されていい筈である。

これが医学の基礎を形作っている身体医学的因果関係である。貴方はもうこれ以後、腸閉塞に思い煩うことは絶対にないのです。主治医はそのようにＯ夫人に、改めて宣言したに違いない。これを聞いたＯ夫人は、よかった、嬉しい。と叫んで以後毎日の生業にいそしんでいていいはずである。それがそのような論理では律しきれないところに精神的外傷《トラウマ》の発症機序とその後遺症ＰＴＳＤの恐ろしさ、凄まじさがある。仲裁人である私はその点についての洞察が必要だった。

開腹手術によって完全に原因物質が取り除かれても、それ以前に形成された、

「あなたは一生治らない病を背負って生きてゆくのだ」

と主治医から言われたことによって芽生えた怯えの観念は、不合理にもO夫人の心の深層に居座り続けていて、それは、理性でいくら打ち消そうとしても、強迫観念（取り付かれたようになってしまい、意志の力では払いのけることのできない考え）になって、消え失せることなく、今の今まで続いていた。

だからこそ、この不合理極まりない強迫観念を拭い去って差し上げるために、ここでベテランカウンセラーの行うカウンセリングの必要性が発生する。

ところが仲裁人として、審理期日の中で、これほどの強迫観念に苛まれている片方の当事者に対してカウンセリングをするのはいいが、それが当事者衡平からみて不公平であるかように見られてはまずい。

私は、PTSDとは、O夫人のように、ある日ある場所で、ある状態の下で受けた強烈な精神的外傷が、その後の強迫観念で強化増幅され、ある状態が消失した後でも、まるでその状態が継続しているかのように、絶えず意識に昇り、意識をかく乱している状態を言うのであろうと想像する。

ご主人がご夫人に対して、気を使いすぎるほど優しいことが、却って彼女の強迫観念を消しがたくし、PTSDを慢性的なものにしているのかもしれない。

この事件では、加害者の支払った賠償金は、「赤本」（交通事故の被害額算定基準書として、今全国で珍重されているもの）の基準からすれば、二〇〇万円近くも多かったから、私は仲裁人として、被害者はある程度満足されたであろうと思い込んでいた。

ところが事件終結後、六月あまり経って被害者本人のご主人に電話で様子を聞いたところ、ご本人は、今なおPTSDで悩んでおり、仲裁事件に触れることすら禁忌とされているとのことであった。

七　犯罪被害者救済の究極にあるもの

ごく最近になって、一般刑事被告事件では、明らかに犯罪被害者の権利を重視する手続きが行われるようになっている。加害者である被告人は、常に被害者が聞き耳を立て、被告人の態度を注視するその中ですべての公判手続きが行われるように大きく改められている。

そうした外形は整いつつあるのであるが、例えば、公判手続きの中で、犯罪被害者の無念の心情を記載した書面の朗読などは、検察官一流の早口と小声で、極めて事務的に行われるだけであり、彼等検察官はもちろん傍聴人や犯罪被害者に聞かせようとする意図は全くない。

そのような態度はかえって被害者の傷ついた心を、一層傷つける。

殺害現場写真の被告人への開示となると、裁判所は躊躇逡巡する。そのような手続きが、被害者の救済とはなんら関係もないことだと言いたげである。

要するに、私がここでいいたいことは、犯罪被害者の救済で重要なことは、被害者に対して、いかに多額の損害賠償金が支払われるかではなく、犯罪加害者の被害者に対する謝罪の質が問題なのである。謝罪の誠意がどれだけ被害者の心に響き、その誠意が、どれほど被害者やその後遺族を精神的に慰め得るかにかかっている。それに尽きるといいたい。

上記述べたように、岡山仲裁センターや、二弁仲裁センターでも、犯罪被害者の支援目的の仲裁が行われている。私もその中の医療事故の一件を扱った。

私の扱った医療過誤事件では、加害医師は、仲裁人が驚くほど多額の賠償金を支払ったのであるのに、被害者は、ＰＴＳＤの深い淵に沈んだままであった。そのような事件終結を体験して、犯罪被害者の救済というものがいかに遠い道のりであるかということを思い知らされた。

八　放火殺人事件被害者の宥恕

先ず本件犯罪の概要を述べよう。

本件は、少年被告人Mが、成人の被告人二人と共謀し、雇用主ご夫妻の就寝中に、鍵を開けてその寝室に侵入し、ご夫妻にガソリンと石油の混合液を振りかけ、ご夫妻を焼殺したという事件である。その犯行で、二階一戸建の現住建造物は全焼し、隣室で寝ていた、ご夫妻の長女と長男の二人の小学生は、二階から飛び降り、かろうじて命拾いをした。

犯行直後における被害者ご遺族たちの、少年Mに対する敵愾心は凄まじいものであり、弁護人である私も、その激しさには、辟易するほどであった。それは当然のことであるとしなければならない。

犯罪被害者の感情を融和するため、弁護人の私は、公判手続き中に、M被告人から被害者ご夫妻やその子達の、自分に注いでくださった愛情について行った内観記録を、被害者のご遺族に送り届けた。それらは何れも、肺腑をえぐるような、真剣さに溢れたものであり、M被告人が被害者お二人をいたみ思い、悔悟する誠意は、被害者の親族の人々の心を、深く慰めるに足るものであった。

一般に被告人たちが被害者やその後遺族に対して行う謝罪の意思表示は、一回限りのことが多いし、悔悟・ざんげの真意を謝罪文の文面に盛り込むことは、極めて困難なことであり、特に重大な結果を招いた犯罪加害者のばあいにあっては、加害者の真意が被害者の心を打ち、加害者の犯行を宥恕しようと言う気持ちになることは、通常極めて稀である。

そのような中にあって、M少年の行った被害者に対する内観と、その内容を記した内観記録は、この種のものとしては、類をみないほどの誠実無比のものであった。日ごろ鬼のように思っていた雇用主ご夫妻の焼殺にM少年は手を貸した。ところが私にいわれ、拘置所内で内観に励み、自分だけにしか使えない内観という心のカギで自分自身のおぞましい記憶庫を開いてみたM少年は、自己の犯した本件犯行の重大さについてはもとより、自分の殺害したそのご夫妻が、この上もなく慈愛深い人々であったことを、内観によってはじめて知ったのであった。被告人はそのような発見を宝物のような発見として驚き、かつ喜び、歓喜に満ちて母親にそのことを知らせている。

その一部を掲げておこう。

母さん、内観というのはね。私が思うには、宝の入った金庫のカギですよ。それをわかってほしく、また自らもこの際、あらためて心にタタキ込んでおくために書いてみました。

内観は、心のカギ。宝の一杯つまっている自分の心のカギ。そのカギを開けるのは自分。自分しかそのカギを使えるものはいないことも分かりました。

殺された被害者夫婦の兄弟姉妹ならびに親族たちは、そんな被告人を神、仏であるかのように敬い、被告人の書き綴った分厚い内観記録を、殺された人々の祀られている仏壇に常時お供えして礼拝し、被告人の両親を、被害者夫妻の眠るその墓地に案内し、法事の時には被告人の両親に対し、参列してお悔やみを申し述べ、焼香することを許した。

人を愛することの尊さ、深さ。大きな気づきを与えられました。私は父母、祖父祖母にとって小さなものではなかった。

今、体の中が熱いエネルギーで、ウンウンとうなりだしているようです。

私は卑屈にはならない。正々堂々と生きてゆきます。そうすることが誰に対してもよいことだと思うからです。

卑屈になれば、憎しみも悲しみも消えることはありません。

自分は殺害したご夫妻のみならず、ご夫妻が愛してやまなかった二人の幼子を孤児にした。亡くなったご夫妻の多くのご親族も被害者だ。それのみではない。共犯者の成人二人を巻き込み、長期の懲役刑で苦しめている。まだまだある。自分の愛してやまなかった祖父母を悲嘆に暮れさせ、祖父をして世をはかなみ、農薬をあおって自殺させてしまった。

父母、叔父達を悲嘆のどん底に突き落としたことは申すまでもないこと。

その自分は、内観してみて、これほど多くの人々から、深い愛情でもって常時包まれていたことに、今ようやくにして気づくことができた。

被告人はそのような自分を、大切にしなくてはならないと気づき、かつはまた、責任の大きさに驚いている。

被告人の父はある日、情状証人として証言台に立った。淡々として弁護人の質問に答えていたこの父は、被告人が開眼・変容した六月二六日のその日のことに質問が及んだ途端。猛獣のように一言、「ウオーッ」と吼えたかと思うと、以後は弁護人から何を尋ねられても、滝のように涙を流すばかりであり、呆然と中空を見つめ、証言台にただ立ち尽くすのみだった。

「沈黙の饒舌」とはこのことであろうか。

調べてみるとまだ汚い心が残っていました。なげやりな内観、先生（弁護人）に見せるための内観がありました。自分を自覚することがどれほど難しいか、思い知らされました。

ああ、恐ろしいことでした。私は今まで、崖のふちを、目隠しをして歩いていたのでした。

内観によって深い内省に到達した被告人は、それでもなお自己を偽りなく調べつくすことの難しさに驚き、さらに深く自己を掘り下げようとする被告人の真心に弁護人は驚愕した。

この被告人は、高校中退以後、盗み、喧嘩、暴行・傷害、姦淫の連続であった。そのすべてを内観で調べた。その被告人が自己の足跡を省みたとき、高く聳えた崖の縁を、目隠しして歩いているのと同じであったと、このように心の叫びを赤裸々に語っている。


人々の心の優しさに守られる中で、邪心の鎖から解き放たれ、とても高い壁を乗り越えてきたように思います。もうすぐ判決があります。裁判官には、言いたいことすべてを聞いてもらい、心は満足しています。刑に対しては、もはや何の恐れもありません。心の乱れや不安も全然ありません。それは判決の時も同じでしょう。

その一年前には、自分たちの殺した人々の霊が夜毎枕辺にたち、被告人は恐怖と不安におののいていた。その彼が拘置されて約半年後、内観によって人間に開眼し、従容として判決を受けようとしている。
最終弁論の時、その冒頭で私は裁判長に向かい、
私は、心の中ではこの被告人の前にひれ伏し、被告人を礼拝しつつこの弁論をいたしております。
裁判所におかれましては、どうかそのつもりで、つたないこの弁論をお聴き取りくださいますようお願いいたします。

と述べた。

被告人は刑の確定後、少年刑務所で約三年六月の刑を受け、仮釈放された。

少年受刑者を預かり、約三年半その後姿を見続けた少年刑務所長は、M受刑者の、その真面目さに、心から驚嘆していた。

少年刑務所から仮釈放されたその日に、私はMやそのご両親とともに殺された二人の被害者の墓前に額づいた。被告人の両親は毎月被害者の遺児二人に育英資金を送っていた。被害者の親族らは、被告人の仮釈放後、「このような尊い人々から月々お見舞金の送金を受けるのはあまりにももったいないことだ、とても忍びない」と、わざわざ遠く離れたM君の家まで行き、両手を畳に突いて、丁重にそれを断った。

犯罪被害者を満足させるのは、決して損害賠償額の多寡には関係がない。究極のものは、M君のような、犯罪加害者の行う、ざんげと、被害者に対する心からの謝罪である。

真心を持って謝罪することの位置を獲得した犯罪加害者が、いかに犯罪被害者に対して、金銭にかえられない大きな慰めを与えるものであるかを、被告人Mは、私たちにこの上もなく明快に教えてくれていると思う〔波多野二三彦『カウンセリング読本』（信山社、二〇〇二年）二七四頁以下、『内観法はなぜ効くか』〔第三版〕（信山社、二〇〇〇年）二一七頁〕。

あとがき

本書の序章を読まれた多くの方は、「森永砒素ミルク中毒事件」解決法についての意外なプロセスと、その結末に驚かれたかもしれない。

この事件の大阪訴訟弁護団は、一九七五年に五〇〇ページを越す法廷闘争に関する単行本を刊行し（編集責任者中坊公平氏）、被害者である「森永砒素ミルク中毒の子どもを守る会」でも、森永との間の一八年間に及ぶ苦難に満ちた闘争史を刊行している。

しかしこれらの中には、私たち岡山弁護団が、守る会の幹部の意向を受けて行った、本書第一章序章に収められているＡＤＲ手法による事件処理のプロセスに該当する史実は、何も書きとどめられてはいない。

この事件処理のために、厚生省に臨時のＡＤＲ機関が設けられたのは、一九七三年一〇月一二日であった。それから僅か二か月余りを経た、同年一二月二三日（第四〇回天皇誕生日）には、両当事者間の、第五回目の和解折衝が行われた。

斉藤厚生大臣が主宰するその和解折衝の席において、上記守る会の理事長岩月祝一氏と、森永乳業の大野勇社長の間で、全国砒素ミルク被害児の恒久救済を高らかに謳った和解契約書に調印がなされた。

大野勇社長は、岩月理事長他の被害者団体幹部たちに対し、責任と因果関係を認め、深く頭を垂れた。

その後、森永乳業は、その時作った和解契約書にもとづき、今日までの約三〇年、毎年約一五億円を被害者たちの恒久救済対策費として被害者団体に支払い続けている。

これだけみても、この事件が、解決までに一八年という長い年月を要し、多額の被害者救援経費を獲得した、前古未曾有の大事件であったことがわかる。

にもかかわらず、幕切れ前の、二か月前後の真実の歴史と、和解成立後、今日までの約三〇年間の、被害児や加害会社の諸事情については、大多数の国民は、殆んど何も知らされないままである。

今日の弁護士たちが、もし、本書第一章序説に書かれたような紛争処理結果を知らされていたならば、彼らはＡＤＲという、新しい紛争解決手続が、現在の民事訴訟に比していかに短期間に、しかも訴訟と比較して、被害者たちの未来に対して、いかに輝かしい展望を開く紛争解決手段であるかを知り、ＡＤＲの価値を改めて再確認するであろうと思う。

著者

〈著者紹介〉

波多野二三彦（はたの・ふみひこ）

海軍兵学校第76期。☆1955年司法修習終了（第７期）。☆最高裁家庭局に入局。ドイツ，オーストリア，イタリー等諸外国の少年法制を紹介。☆1959年の家庭裁判所創設10周年に当り「わが国の少年審判の基本理念」をケース研究特別号に寄稿。国連の少年問題会議に出席。1968年弁護士登録（岡山弁護士会）☆日弁連創立30周年に当り自由と正義特別号に「これからの弁護士」を寄稿。☆森永砒素ミルク事件では，着手の僅か４か月後の1973年12月23日，「全被害児の恒久救済」の約定を入れ，ADR の手法で全面解決の支援。☆1983年㈳岡山いのちの電話創設。☆権利保護保険創設の研究20年。2001年10月「権利保護保険制度」誕生に貢献。☆判例タイムズ1102号に「リーガルカウンセリングのすすめ」寄稿。2003年12月，☆NPO 法人日本メディエーションセンター理事。

現在第二東京弁護士会所属弁護士。

☆主著『内観法はなぜ効くか』信山社，第三版発売中。

☆『カウンセリング読本』信山社，2003年初版。

リーガルカウンセリング
──面接・交渉・見立ての臨床

2004（平成16）年４月５日　初版第１刷発行

著　者　波多野二三彦
発行者　今井　貴
　　　　渡辺左近
発行所　信山社出版株式会社
〒113-0033　東京都文京区本郷6-2-9-102
電　話　03（3818）1019
ＦＡＸ　03（3818）0344

Printed in Japan

印刷・製本／松澤印刷

ISBN4-7972-2283-2　C3332

認知科学パースペクティブ　都築誉史 編　二八〇〇円
和解技術論〔第二版〕　草野芳郎 著　二〇〇〇円
紛争解決学〔新版〕　廣田尚久 著　三八〇〇円
調停者ハンドブック　レビン小林久子 著　二〇〇〇円
調停ガイドブック　レビン小林久子 著　二〇〇〇円
ドメスティック・バイオレンス　戒能民江 著　三二〇〇円
ドメスティック・バイオレンスの法　小島妙子 著　六〇〇〇円

信山社

波多野二三彦 著

内観法はなぜ効くか〔第3版〕

自己洞察の科学

四六判上製カバー付　三二〇頁
本体価格　三〇〇〇円

☆自分で自分自身を知るための精神心理技法

　非行少年や受刑者の矯正教育技法の一つとして、また登校拒否や各種の神経症、アルコール症、精神分裂病、うつ病などの治療法として用いられてきた内観法を科学的・哲学的に解明、再構成して、その応用と効能を訴える。

信山社